世界历史穿越报

SHIJIE LISHI CHUAN YUE BAO

用有趣的文字
讲真实的历史

工业革命100年

彭凡 / 著

全国百佳图书出版单位
化学工业出版社
·北京·

图书在版编目（CIP）数据

世界历史穿越报．工业革命100年／彭凡著．—北京：化学工业出版社，2022.4（2025.1重印）
ISBN 978-7-122-40774-0

Ⅰ.①世… Ⅱ.①彭… Ⅲ.①世界史-儿童读物 Ⅳ.①K109

中国版本图书馆CIP数据核字（2022）第025366号

责任编辑：孙　炜　　　　　　文字编辑：贾全胜
责任校对：田睿涵　　　　　　装帧设计：尹琳琳

出版发行：化学工业出版社（北京市东城区青年湖南街13号　邮政编码100011）
印　　装：北京宝隆世纪印刷有限公司
710mm×1000mm　1/16　印张12　2025年1月北京第1版第5次印刷

购书咨询：010-64518888　　　　　　售后服务：010-64518899
网　　址：http：//www.cip.com.cn
凡购买本书，如有缺损质量问题，本社销售中心负责调换。

定　　价：39.80元　　　　　　　　　　　　　　版权所有　违者必究

·工业革命100年·

前 言

每个民族，都有自己的过去。

每个国家，都有自己的历史。

那么，那些跟我们不同肤色、不同语言的人们，他们又是从哪里来的呢？

他们会不会和我们一样，也有自己的黄河母亲？

他们是怎么学会说话和写字的？

他们也爱吃米饭跟馒头吗？

他们也穿丝绸做的衣裳吗？

他们也有皇帝吗？他们的皇帝跟我们的皇帝一样拥有至高无上的权力吗？

他们创造过哪些了不起的成就和辉煌呢？

也许，他们有很多跟我们一样的地方，但他们一定也有很多跟我们不一样的地方。

为了搞清楚这些问题，我们报社的工作人员全体出动，乘坐时光机，穿越遥远的时空，去探访世界各地的人们曾经是怎么生活的，去见证在他们身上发生过哪些波澜壮阔的事情。

我们将采访到的一切，都刊登在《世界历史穿越报》中。我们将报纸做成一个合订本，每册有10~12期。这套《世界历史穿越报》一共有十个合订本，分别记录了我们在不同时空、不同国家的所见所闻。

每一期报刊都是我们冒着生命危险，辛苦采访和探寻的结晶，相信里面精彩的栏目和内容一定会让你大饱眼福——

"世界风云"是主打栏目。这里刊登的全是世界大事，譬如国家的诞生、战争与荣耀，以及帝王的生平事迹，等等。

"自由广场"是一个有趣的栏目。这里刊登了我们在各个时空的酒吧中搜集的各种奇奇怪怪的言论。你会发现，古人和今人一样，也喜欢聚在一起讨论各种八卦新闻呢。

"奇幻漂流"是我们专门为历史人物设立的一个来信栏目。他们遇到疑惑和烦恼，会给报社来信，我们有专业的编辑贴心为他们解答疑惑，抚慰他们的心灵。

"名人来了"是一个采访栏目。我们派出报社最八卦、最大胆的记者越越，去采访当时最杰出、最有争议的名人，挖掘他们的内心世界，将他们最真实的一面展现给大家。

另外，我们还有"智慧森林""嘻哈乐园""广告贴吧"等栏目，为大家展现当时最先进的科学技术，最时髦的文化潮流，以及一些五花八门的广告、漫画等，一定让你目不暇接，忍俊不禁。

最后，我们希望读者们能够通过这套报刊，学到知识，认识世界，然后成为一个视野开阔、见识广博的人。

目 录

第❶期 第一次工业革命

【编辑导读】不一样的革命 2
【世界风云】"纱荒"带来的新发明 3
　　　　　　瓦特改良蒸汽机 5
　　　　　　富尔顿的"蠢物" 7
　　　　　　世界上第一列火车试运行成功了 9
【自由广场】砸掉这抢我们饭碗的怪物 12
【奇幻漂流】为什么工业革命首先发生在英国呢? 13
【名人来了】特约嘉宾:詹姆斯·瓦特 14
【广告贴吧】"萨凡纳"号横渡大西洋 16
　　　　　　废除非洲黑奴贸易 16
　　　　　　《国富论》助您成为有钱人 16
　　　　　　请速来领取供暖福利 16

第❷期 音乐大师的那些事儿

【编辑导读】音乐与音乐家们 18
【世界风云】"西方音乐之父":巴赫 19
　　　　　　音乐"魔鬼"亨德尔 21
　　　　　　超级天才莫扎特 23
【奇幻漂流】让歌剧回归自然 25
【世界风云】贝多芬只有一个 26
【自由广场】音乐家们的价值 29
【名人来了】特约嘉宾:肖邦 30
【广告贴吧】出售钢琴 32
　　　　　　调查证明 32
　　　　　　求贤令 32

第❸期　工人运动在欧洲

【顺风快讯】维也纳会议再次召开 　　　　　　　　34
【世界风云】七月革命，推翻波旁王朝 　　　　　　35
【自由广场】贫富差距有点大 　　　　　　　　　　36
【世界风云】七月王朝炮轰里昂工人 　　　　　　　38
　　　　　　英国爆发宪章运动 　　　　　　　　　39
【奇幻漂流】我想去城市 　　　　　　　　　　　　40
【名人来了】特约嘉宾：罗伯特·欧文 　　　　　　41
【广告贴吧】入社规定 　　　　　　　　　　　　　43
　　　　　　寻有识之士 　　　　　　　　　　　　43
　　　　　　盲人朋友的福音来了 　　　　　　　　43
【智者为王】智者为王第1关 　　　　　　　　　　44

第❹期　欧洲起火了

【顺风快讯】欧洲起火啦 　　　　　　　　　　　　46
【世界风云】和首相、国王说拜拜 　　　　　　　　48
　　　　　　梅特涅逃跑了 　　　　　　　　　　　50
　　　　　　国王拒绝当皇帝 　　　　　　　　　　52
【自由广场】革命之后 　　　　　　　　　　　　　53
【智慧森林】震撼世界的《共产党宣言》 　　　　　54
【奇幻漂流】当总统，还是当皇帝呢 　　　　　　　55
【名人来了】特约嘉宾：梅特涅 　　　　　　　　　56
【广告贴吧】自由与爱情 　　　　　　　　　　　　58
　　　　　　庆祝再次发现土星卫星 　　　　　　　58
　　　　　　《安徒生童话集》到货了 　　　　　　58
　　　　　　废除《航海条例》 　　　　　　　　　58

第❺期　意大利的统一

【顺风快讯】　意大利的出路在何方 ……………………………………… 60
【世界风云】　加富尔的"妙计" ………………………………………… 61
　　　　　　　加里波第和他的"红衫军" ……………………………… 63
【奇幻漂流】　罗马城永远属于意大利 …………………………………… 66
【自由广场】　为什么是撒丁王国统一了意大利 ………………………… 67
【名人来了】　特约嘉宾：加里波第 ……………………………………… 68
【广告贴吧】　卖鸟粪喽 …………………………………………………… 70
　　　　　　　迁都罗马 …………………………………………………… 70
　　　　　　　《论人的责任》即将出版 ………………………………… 70

第❻期　美国南北战争

【顺风快讯】　美国兴起"小屋"热 ……………………………………… 72
【绝密档案】　美国扩张的秘密 …………………………………………… 73
【奇幻漂流】　我要解放黑奴 ……………………………………………… 75
【世界风云】　从小木屋里走出来的新总统 ……………………………… 76
　　　　　　　"美国"打"美国"，林肯解放黑奴 …………………… 79
【自由广场】　你的成长史，我的血泪史 ………………………………… 81
【名人来了】　特约嘉宾：亚伯拉罕·林肯 ……………………………… 82
【广告贴吧】　欢迎到阿拉斯加旅游 ……………………………………… 84
　　　　　　　为烈士购买墓地 …………………………………………… 84
　　　　　　　免费帮助黑奴逃跑 ………………………………………… 84
【智者为王】　智者为王第 2 关 …………………………………………… 85

第❼期 战争与英雄

【顺风快讯】	英法联军大败沙俄	87
【绝密档案】	希腊人心目中的英国英雄	88
【世界风云】	"提灯女神"南丁格尔	90
【自由广场】	是什么拖了沙俄的后腿	92
【世界风云】	解放农奴,俄国迈向现代化	93
【智慧森林】	给化学元素排排座	95
【奇幻漂流】	生命面前,人人平等	96
【名人来了】	特约嘉宾:亚历山大二世	97
【广告贴吧】	出售家奴3名	99
	招战地记者	99
	纪念普希金逝世20周年	99
	成立气象观测站	99

第❽期 辉煌的维多利亚时代

【顺风快讯】	小女孩当国王	101
【世界风云】	女王宣布与中国作战	102
	人是从猴子变来的	105
	"非洲之父"利文斯敦	107
【奇幻漂流】	英国为什么不统一欧洲	109
【自由广场】	是天使还是魔鬼	110
【名人来了】	特约嘉宾:维多利亚女王	111
【广告贴吧】	万国博览会即将召开	113
	女王加冕为印度女皇	113
	高价求购门票	113

第❾期　铁血宰相和德意志统一

【顺风快讯】	只有铁和血，才能救德意志	115
【自由广场】	谁能统一德意志	117
【世界风云】	普鲁士大败奥地利	118
	智激法国，捉来皇帝当俘虏	119
【奇幻漂流】	"巴黎公社"会成功吗	121
【智慧森林】	"世界公民"马克思写出《资本论》	122
	雨果写信痛斥英法联军	123
【名人来了】	特约嘉宾：俾斯麦	125
【广告贴吧】	写在《悲惨世界》扉页上的话	127
	奥地利帝国改为奥匈帝国	127
	《资本论》第一卷出版	127
【智者为王】	智者为王第 3 关	128

第❿期　日本明治维新

【顺风快讯】	美国舰队打开日本国门	130
【自由广场】	开国还是攘夷	132
【世界风云】	安政大狱事件，一百多人受牵连	133
【奇幻漂流】	小天皇干倒幕府	134
【世界风云】	明治维新，改出新气象	135
	日本打开朝鲜大门，吞并琉球	137
【名人来了】	特约嘉宾：明治天皇	139
【广告贴吧】	一个天皇一个年号	141
	招聘技术专家 600 名	141
	快来购买《西洋事情》	141

第⑪期　走进电气时代

【编辑导读】	人类进入电气时代	143
【绝密档案】	神奇的电	144
【世界风云】	艺术家发明电报	146
	世界上第一台电话接通了	148
	发明大王曾是"低能儿"	150
【自由广场】	我们要八小时工作制	154
【奇幻漂流】	科技让我们更幸福吗	155
【名人来了】	特约嘉宾：约翰·洛克菲勒	156
【广告贴吧】	西门子公司招人啦	158
	重视酸雨，保护家园	158
	订购汽车	158

第⑫期　激烈的殖民地争夺战

【顺风快讯】	英国购买苏伊士运河	160
【世界风云】	非洲是如何被瓜分的	161
	"缅因号"被炸，谁之过	163
	布尔战争：让英国走下神坛	165
【奇幻漂流】	"三皇同盟"变成"三国同盟"	168
【自由广场】	甲午一战，泱泱大国败给小小岛国	169
【智慧森林】	科学巨人巴斯德	170
【名人来了】	特约嘉宾：塞西尔·罗得斯	173
【广告贴吧】	为自由女神捐款	175
	第一届现代奥运会即将召开	175
	一切为了和平	175
【智者为王】	智者为王第4关	176

【智者为王答案】 177

【世界历史大事年表】 179

第1期

【1733—1840年】

第一次工业革命

穿越必读

从18世纪60年代到19世纪40年代,在隆隆的机器声中,欧洲迎来了一次前所未有的革命——第一次工业革命。这场革命把英国变成了"世界工厂",也把人类带进了崭新的"蒸汽时代"。

编辑导读

不一样的革命
——写给小读者的话

在《国王与革命》中,我们报道了欧洲的一系列革命。这些革命,不是夺走了国王的权力,就是砍掉了国王的脑袋,既血腥又暴力。

不过最近,编辑部收到很多读者的热心来信。信中说,在18世纪60年代到19世纪40年代,还出现了一场革命,为什么"世界历史穿越报"一个字也没提呢?

在此特别解释一下,不是我们忘记报道了,而是版面实在有限。

为什么对于这场革命,大家这么关心呢?因为它和《国王与革命》讲的革命完全不同,既没有硝烟,也没有口号;参与革命的人,既没有枪,也没有炮,而是一群默默工作的发明家。他们发明了一些新鲜而有趣的玩意儿,比如珍妮纺织机、蒸汽机、火车以及汽船……

这些发明,让一些人解放了双手,摆脱了繁重的劳动,给世界带来了前所未有的变革。

现在,让我们走近这些伟大的发明家,看看他们的新发明吧!

"纱荒"带来的新发明

你知道,棉布是怎么加工出来的吗?先是用纺车,把棉花纺成一根根棉纱;再用织布机,把棉纱织成一块块布。这些工作全部要用人力完成,非常辛苦。

英国人就是用这个办法,把印度和北美的棉花加工为布匹,卖到世界各地,赚了很多钱。

公元1733年,一个叫约翰·凯伊的织工,发明了一个新的织布工具——飞梭,大大地提高了织布效率。

可这时的纺纱机,一次只能纺一根纱,根本跟不上飞梭的速度。很快,国内的棉纱就供不应求,出现了"纱荒"。

商人们急得团团转,纷纷表示,如果有人能发明出更好的纺纱机,就给他一大笔奖励。

1765年的一天,一个叫哈格里夫斯的纺织工,一不小心将妻子的纺纱机踢倒了——被踢倒的纺纱机还在纺纱,只不过,原来横着的纱锭,变成直立的了。

哈格里夫斯脑中灵光一闪:如果同时把几个纱锭竖起来,用一个纺轮带动,不就可以同时纺好几根纱吗?

经过一番研究,哈格里夫斯发明了一种新式纺纱机,以女儿的名字命名为"珍妮纺纱

世界风云

机"。珍妮机一次能同时纺出16到18根纱,一下子使工作效率得到飞速提升!

可是,珍妮机需要手动操作,用起来很费力,不能大量生产。

有个叫阿克莱特的理发师,看见乡下的农民利用水力磨粉、碎石,干活特别轻松,也灵机一动,发明了水力纺纱机。

可是,水力纺纱机需要用水,体积又大,不适合在家中操作。于是,阿克莱特在河边开了一个工厂,雇了300多个工人干活——这是世界上第一个工厂,阿克莱特也因此被称为"近代工厂之父"。

后来,又有人发明了一种更新的水力纺纱机。新机器结合珍妮机和水纺机的优点,织出来的布又细又结实,这机器好比动物界中的骡子,身兼马和驴的优点,所以被称为"骡机"。

新机器织出来的布又好又便宜,大家都争相购买。以前,纺纱、织布都是由一个个家庭小作坊完成的;现在,几百号人聚在工厂一起干活,纺织业呈现出一派前所未有的繁荣景象。

世界风云

瓦特改良蒸汽机

水力纺纱机有一个特点,就是离不开水。一旦碰上天气干旱、河水枯竭断流,机器就会罢工。

1769年,有人研制出了一种新的蒸汽机。据说,有了这台机器,无论是什么天气、什么地方,纺纱机没有水也能工作,相当的神奇。

发明这个机器的人叫瓦特,是一个苏格兰人。在他还小的时候,他的父亲送给他一套木工工具。小瓦特没事就鼓捣,后来几乎可以用任何材料,制造出自己想要的东西。

到了17岁那年,瓦特的母亲去世了,父亲也破产了,家里的光景一落千丈。可怜的瓦特只好离开家乡,去英国当学徒。凭借精湛的手艺,他和一批大学老师交上了朋友,最后在一家大学开了一间小小的修理店。

一次,学校交给他一个任务——修理一台纽科门蒸汽机。这种蒸汽机是一个叫纽科门的铁匠发明的,经常出毛病。

瓦特很快就把机器修好了。在修理

世界风云

的过程中,瓦特发现,这台蒸汽机的汽缸时冷时热,蒸汽的利用率很低。如果能设计一个装置,让汽缸内的温度保持一致,就可以大大提高蒸汽机的工作效率。

经过十几年的改良,瓦特研制出了一种新的蒸汽机。之前的蒸汽机"胃口"很大,需要大量的煤为燃料,一般的人"喂"不起。而瓦特的蒸汽机不但用煤少(仅仅是原蒸汽机的四分之一),工作效率也提高了5倍!

改良后的蒸汽机,成功地安装到纺织机上,转动了纺轮,也推动了英国的纺织行业。大家都说,有了蒸汽机,干起活来轻松多了!

世界风云

富尔顿的"蠢物"

1807年8月的一天,美国纽约的哈得孙河边挤满了人。

"快来看啊,'富尔顿的蠢物'又要发蠢啦!"

咦,是什么样的东西,让人们这么关注呢?

记者挤进人群,往河上一看——原来,这个被称为"蠢物"的东西,是一艘船。

和一般的船不一样,这只船中间有一个房子——里面装着瓦特的蒸汽发动机,房子上面立着个大烟囱,船的两头是客舱,看起来确实又蠢又笨。

这个"蠢物"的主人叫富尔顿,是个美国人,也是瓦特先生的好朋友。

瓦特改良蒸汽机后,很多人就想,既然蒸汽机能代替水力,推动纺轮,那能不能代替人力、风力,推动船只呢?很多人做了实验,但都失败了。

7

世界风云

早在4年前，富尔顿就建成了自己的第一艘蒸汽轮船。可惜试航当天，就被一场风雨刮沉到河底，夭折了。

但富尔顿没有灰心，又噔噔噔地跑去找拿破仑，说他的船威力十足，能打败英国。拿破仑这时正和英国交战，也很感兴趣。

谁知，富尔顿越讲越兴奋，最后来了句："陛下，如果您用了这样的船，您将成为世界上最最高大的人！"

拿破仑听了脸色一变，怒喝道："骗子，用铁制作的船，怎么能漂在水面上呢？"一口拒绝了他。

富尔顿莫名其妙，他哪知道，大家都传说拿破仑是个小个子，他说的"高大"，正好戳中了拿破仑的痛处！

富尔顿回到美国后，招募了一批工人，继续研制轮船，终于制造出这么一个"蠢物"，取名叫"克莱蒙特"号。为了看看这个"蠢物"会出什么丑，人们才这样齐刷刷地跑来看热闹。

这"蠢物"也不争气，没走多远，就一动不动了。人们见了都大笑不已。不过，富尔顿和工人们检查之后，排除了故障，"蠢物"又轰隆轰隆地向前开动了！

这一次，"蠢物"没有停，一口气用32个小时航行了240公里！——要是换成一般的帆船，要四天四夜呢！

后来，富尔顿把这种船的专利卖给了英国——不知道拿破仑看到这种船后，会不会为自己赶走富尔顿后悔莫及呢？

世界上第一列火车试运行成功了

1825年9月27日，英国传来一个重大消息——人类第一列火车在英国首次运行，并且取得圆满成功。

这列火车的发明者叫乔治·斯蒂芬森，来自一个普普通通的煤矿工人家庭。因为家境贫寒，他14岁就开始在煤矿做工，17岁才第一次进入学校读书，后来做了一名煤矿工程师。

这时候，已经有个叫特里维希克的人，给瓦特的蒸汽机装上了轮子，做成了世界上第一个火车头。由于蒸汽机是烧煤的，行驶时，烟筒里火星乱冒，所以人们把这个车叫作"火车"。

特里维希克还给它专门造了一条铁轨，用来跑运输。可是，这条铁轨身子骨太弱，承受不了火车的重量，没多久就被压坏了。

因为在煤矿生活，斯蒂芬森常常跟蒸汽机打交道，也开始造火车。1814年，斯蒂芬森造出了自己的第一辆火车。这辆火车样子很笨，开动起来，像地震一样响，把四周的牛马吓得四处奔逃，围观的人看了都哈哈大笑。

但斯蒂芬森并没有灰心，又先后制造了大大小小十几辆机车。1825年，斯蒂芬森设计出一列全新的火车，取名"旅行者"。新车有30多节车厢，可坐400多人，运行稳定，动力十足。

试运行那天，有的人不服气，骑着马跑过来，要和斯蒂芬森的火车比试比试。

一开始，火车行驶缓慢，马儿一下子跑了很远。一会儿后，

世界风云

火车慢慢地放出烟雾，慢慢加速，很快就与马儿并驾齐驱了。

再过了一会儿，马儿有点累了，火车仍然是一个劲地往前冲。到最后，火车把马儿甩得远远的。现场的人看得目瞪口呆，瞬间爆发出山呼海啸般的欢呼声。

1830年9月15日，世界上第一条铁路正式开通，斯蒂芬森把自己的火车成功地开上了铁路。

从此，长长的火车，穿过森林，穿过乡间，把陈旧的英格兰远远地甩开了。

自由广场

砸掉这抢我们饭碗的怪物

英国某织布工人

唉！三年前，我跟一个师傅学织布，免费给他打杂，好不容易熬出头，也可以给别人当师傅了，但现在大家又都用机器织布了。这些机器不吃饭、不休息，做出来的东西又好又便宜，做得还快，我学的那些技术压根用不上。唉，这可怎么办？

这是什么世道？我们人类竟然要被一堆机器给抢了饭碗？！这样下去，我们还怎么养家糊口？兄弟们，我们明天就去把这些怪物砸了！

英国纺织工人卢德

英国政府某官员

大家冷静冷静！砸掉这些机器有用吗？到了明天，又会有新的机器出来！而且，政府已经出了法令，谁要是再去破坏机器，就会被流放，甚至被处以死刑。大家可别做傻事啊！

大家目光放长远一点。正是因为有了这些机器，工人们工作没那么辛苦了，布匹也变便宜了。而且，机器也需要有人操作啊！很快，就有大量工厂要招人了，没有活干的人，可以去工厂找工作，千万不要冲动！

英国某商人

（注：工业革命以来，失业的工人、破产的手工业者们对机器充满仇恨，不时爆发工人运动，抗议工厂主的压迫。）

奇幻漂流

为什么工业革命首先发生在英国？

编辑老师：

您好。关于这次工业革命，大家都知道，最先是从英国的纺织业开始的。

但有一点我不明白，在这之前，英国的纺织技术十分落后，生产出来的布料质地低劣，既没有中国的丝绸漂亮，也没有印度的棉布柔软，几乎无人问津。可为什么，工业革命没有发生在技术更先进的印度和中国，却发生在英国呢？

一个无知的纺织工人　约翰

约翰先生：

您好。比起中国和印度来，英国有一个很大的问题，就是人口太少。人口越少，相应的人工成本就越高。想赚钱，英国的资本家就必须想办法改进技术，节省人力。

而印度和中国呢，最不缺的是人，最便宜的就是人工。有这么多的人做工，他们又怎么会想搞什么新式发明呢？

当然，除此之外，英国还有很多的优势。首先，整个欧洲，只有英国的煤炭资源最丰富，能支持冶铁业制造出更多的机器。其次，之前的"圈地运动"和黑奴买卖，帮助英国人获得了大量的金钱、劳力及土地。最重要的是，英国是当今的世界霸主，既能拿到源源不断的原材料，也能把产品卖到世界各地。

总之，英国要钱有钱，要人有人，要资源有资源，要市场有市场，什么都有，这场革命自然就从英国首先开始了！

编辑　穿穿

名人来了

特约嘉宾

詹姆斯·瓦特
（简称"瓦"）

越越
（简称"越"）

> **嘉宾简介**：英国发明家，蒸汽时代的开启者。从一名默默无闻的机器修理师，到英国皇家学会会员，瓦特用他的改良蒸汽机，为人类的进步事业做出了不可磨灭的贡献。

越：瓦特先生，您好！恭喜您成为英国皇家学会的会员。

瓦：谢谢。没想到，我一个普通工人，还能得到这种殊荣，荣幸之至啊！

越：您能取得这么大的成就，小时候一定是个学霸吧？

瓦：（狡黠一笑）恰恰相反，我从小就是"问题少年"。

越：哈哈，是不是因为您经常提问呀？

瓦：（大笑）聪明！还有一点，我的身体经常出"问题"，所以11岁左右才开始上学，而且在学校的日子一共也没多久。

越：那您是自学成才了？

瓦：一半一半吧。在家的日子，是母亲教我读书。

越：听说您小时候就对蒸汽机感兴趣？

瓦：不是蒸汽机，是蒸汽。有一次，我发现水壶里的水烧开时，水蒸气能把水壶盖儿顶开。我很好奇，就跑去问我的祖母。

越：她怎么回答？

瓦：（大笑）她根本就不搭理我，还差点在门口贴上"厨房重地，瓦特禁入"了。

越：哈哈，那您最后是怎么找到答案的呢？

瓦：自己观察！我连着观察了好几天，得出一个结论，这是水蒸气的推动造成的。所以我想，既然这么小的蒸汽，能举起水壶盖儿，那肯定有别的用处，比如耕田种地啦，纺纱织布啦，拉动货车啦，推动轮船啦！

越：所以，您就发明了蒸汽机！

瓦：小记者，我更正一下，蒸汽机不是我发明的，我只是在前辈发明的基础上做了些改良。

名人来了

越：您不是已经获得蒸汽机的发明专利了吗？

瓦：这只是为了防止专利落到别人手中。事实上，现在的很多发明，都不是一个人的成果，更多的是众人的知识结晶，有的甚至根本分不清是谁发明的。

越：那我问个很俗气的问题，如果是这样，赚的钱归谁所有呢？

瓦：赚钱？噢，我讨厌谈钱。大多数发明不但赚不到钱，还特别烧钱。很多发明家花完了兜里的最后一个子儿，最后疾病缠身，一贫如洗，连个名字都没有留下。

越：噢，这太遗憾了。

瓦：可人们不但不理解他们，还嘲笑他们。比如最早的火车出现的时候，人们笑得那个厉害啊！

越：唉，谁叫那车开得慢，第一次发动，就撞到墙上了呢？寿命确实太短了点。

瓦：谁敢保证，自己第一次做出来的东西就十全十美呢？我们现在任何一个发明，都是经过无数次失败，才成功的。

越：新的事物被人们接受，的确有一个漫长的过程。

瓦：接受慢一点，我能理解。我不能理解的是，有些人不懂就算了，还胡说八道，说我的蒸汽机里面藏着妖怪！还有的更可笑，说现在的所有东西都已经够用了，不用再发明什么新东西了。

越：噢，要是没有这些新鲜有趣的发明，生活该是多么的乏味啊！您放心，总有一天，大家会看到这些发明的价值。

瓦：谢谢，谢谢！有你们的支持和鼓励，我们才会有信心继续走下去！

越：应该是大家谢谢你们才对。是你们改变了世界，让我们看到了拿破仑、华盛顿都没见过的东西！向你们致敬！

（注：为纪念瓦特，国际单位制中的功率单位以"瓦特"命名。）

广告贴吧

"萨凡纳"号横渡大西洋

1819年5月22日,"萨凡纳"号轮船从美国出发,横渡大西洋,成功地抵达了英国,轰动了整个西方世界。为纪念这次重要的远航,现将5月22日定为海运节。

美国政府

《国富论》助您成为有钱人

好消息!为了帮助大家多了解一点经济学方面的知识,现特地向大家推荐一本叫《国富论》的书。

这本书涉及历史、伦理、政治、经济等各个方面,是世界上第一本有关经济学的百科全书,具有很多富有远见的见解。它的作者是英格兰著名经济学家亚当·斯密,绝对权威噢!

智慧书店

废除非洲黑奴贸易

从1807年1月1日起,本国将废除一切黑奴贸易,绝对禁止以任何方式,在非洲海岸或其他地区,买卖、交换与运输奴隶,禁止把人作为奴隶使用。如有人无视禁令,仍然把上述人员输进和输出非洲,将一律被视为非法活动,依法处置!

英国议会

(注:英国是世界上第一个禁止黑人奴隶贸易的大国。)

请速来领取供暖福利

现在无论是造船建房,还是生火取暖,都需要大量的木材。因为英格兰的森林不多,木材的价格越来越高。为了让广大佃户过上一个暖融融的冬天,本矿将免费为大家发放一种更好更便宜的燃料——煤炭。请有需要的人速来领取。

斯托克煤矿

第2期

【1759—1848年】

音乐大师的那些事儿

穿越必读

17—18世纪的启蒙运动，对西方的音乐产生了巨大的影响，先后诞生了巴赫、莫扎特、贝多芬、肖邦等卓越的音乐家。他们就像一颗颗耀眼的明星，点亮了黑暗的音乐夜空。

编辑导读

音乐与音乐家们
——写给小读者的话

在前面，我们认识了很多著名的画家、雕塑家和作家，了解了许多关于绘画、雕塑以及文学的故事。

那么，以前的音乐是什么样子呢？没有人知道。因为没有什么东西，能把那些古老的声音保存起来，大多靠的是口耳相传。

直到大约公元1000年的时候，意大利有个叫基多的修道士，想了个办法。他把音乐定为"哆、来、咪、发、唆……"，写在四条线上（后来又增加了一条，成为五线谱），表示声音的高低。这时候，音乐才被记录在纸上。

可惜，和绘画、雕塑一样，那时候的音乐，也是"献给神的礼物"，神圣、严肃，而又单调，伴奏的也多半是简单的管风琴，并不受人欢迎。爱好音乐的人，被称为"吟游诗人"，从一个街头，流浪到另一个街头。

那么，音乐是怎样才开始流行的呢？那就要从巴赫、亨德尔、莫扎特、贝多芬等这些伟大的音乐家开始说起了。

世界风云

"西方音乐之父"：巴赫

提起西方西乐，我们不得不先提到一个人——巴赫。

在巴赫以前，音乐主要以唱歌为主，很少用乐器伴奏，很多人不懂音乐。但巴赫的出现，改变了这一切。

巴赫出生在德国的一个音乐世家，家中出过好几位音乐家。在他八九岁的时候，他的父母双双去世，无依无靠的他，只能和大哥生活。

大哥是一位管风琴手，手上有很多曲谱。那些曲谱都是一个音符一个音符抄出来的，抄写的纸张也不便宜。大哥将它们视若珍宝，不许巴赫翻阅。但巴赫很喜欢音乐，每次趁大哥晚出时，就把那些乐谱偷偷地拿出来，借着月光一首一首地抄，抄了6个月才抄完，把眼睛都累坏了。

巴赫会唱歌，也会演奏。15岁的时候，他进了一所学校，一边学习一边练琴。他练起琴来十分刻苦，常常一整宿一整宿地练习。一到节假日，他还常常步行十几公里去听音乐会。据说最多的一次，走了200多英里（约320公里）。

长大后，巴赫被聘为一所教堂的管风琴师，后来又当上了宫廷乐长。几乎每个星期，他都要创作

世界风云

　　一首新的作品，或者修改一首曲子，就这样，他陆陆续续完成了数百部作品。这些作品质量很高，又富有哲理，其中最有名的是《马太受难曲》。

　　巴赫不仅作品多，孩子也多，一共生了20个，存活的却只有一半。其中，有一个孩子在普鲁士宫廷做乐师。

　　还记得普鲁士的腓特烈大帝吗？他很喜欢音乐，年少时还因为想当一名音乐家，差点被父亲打死。

　　有一年，巴赫去皇宫看望自己的孩子时，受到大帝的热烈欢迎。巴赫非常感动，因为在当时，音乐家没什么地位，和仆人、厨子的待遇差不多。他把这个年轻的国王奉为知己，即兴为他创作了一首曲子。

　　巴赫老了以后，视力越来越差，写谱时，甚至把脸贴在乐谱上。最终，他在向学生口述创作时，离开了人世。

　　巴赫生前并没有什么名气。但是，是金子总会发光的。1829年，一位叫门德尔松的音乐家演奏了他的《马太受难曲》，人们才开始被他的音乐才华折服，称他为"西方音乐之父"。

　　据说，当贝多芬第一次听到巴赫的作品时，不由惊叹道："这哪是小溪（'巴赫'的德文意思是小溪）啊，分明是大海！"

音乐"魔鬼"亨德尔

公元 1707 年,在一个热闹的假面舞会上——

当美妙的琴声响起时,在座的一个作曲家惊呆了。他指着弹琴的那个人大喊:"啊,魔鬼!魔鬼!那个人如果不是魔鬼,便一定是亨德尔!"

作曲家边喊边冲过去,一把掀开弹琴人的面具——没错,这个被称作"魔鬼"的,正是大名鼎鼎的德国音乐家亨德尔。

亨德尔的父亲是个理发师,也是个医生——因为这两种职业都需要动刀。这位父亲不喜欢音乐,希望儿子长大后,做一个光鲜亮丽的大律师。但小男孩却只喜欢音乐,常常在大家睡着后,偷偷爬起来练琴,一直练到深夜。直到有一天,当地的大公听到亨德尔的演奏,惊为天人,出面说服他的父亲,亨德尔这才正式学习音乐。

长大后,亨德尔在汉诺威的宫廷当了一名乐长,端上了"铁饭碗"。在别人眼里,这个差事很不错。但亨德尔却没把这饭碗当回事,"下海"去了英国,而且一住下

世界风云

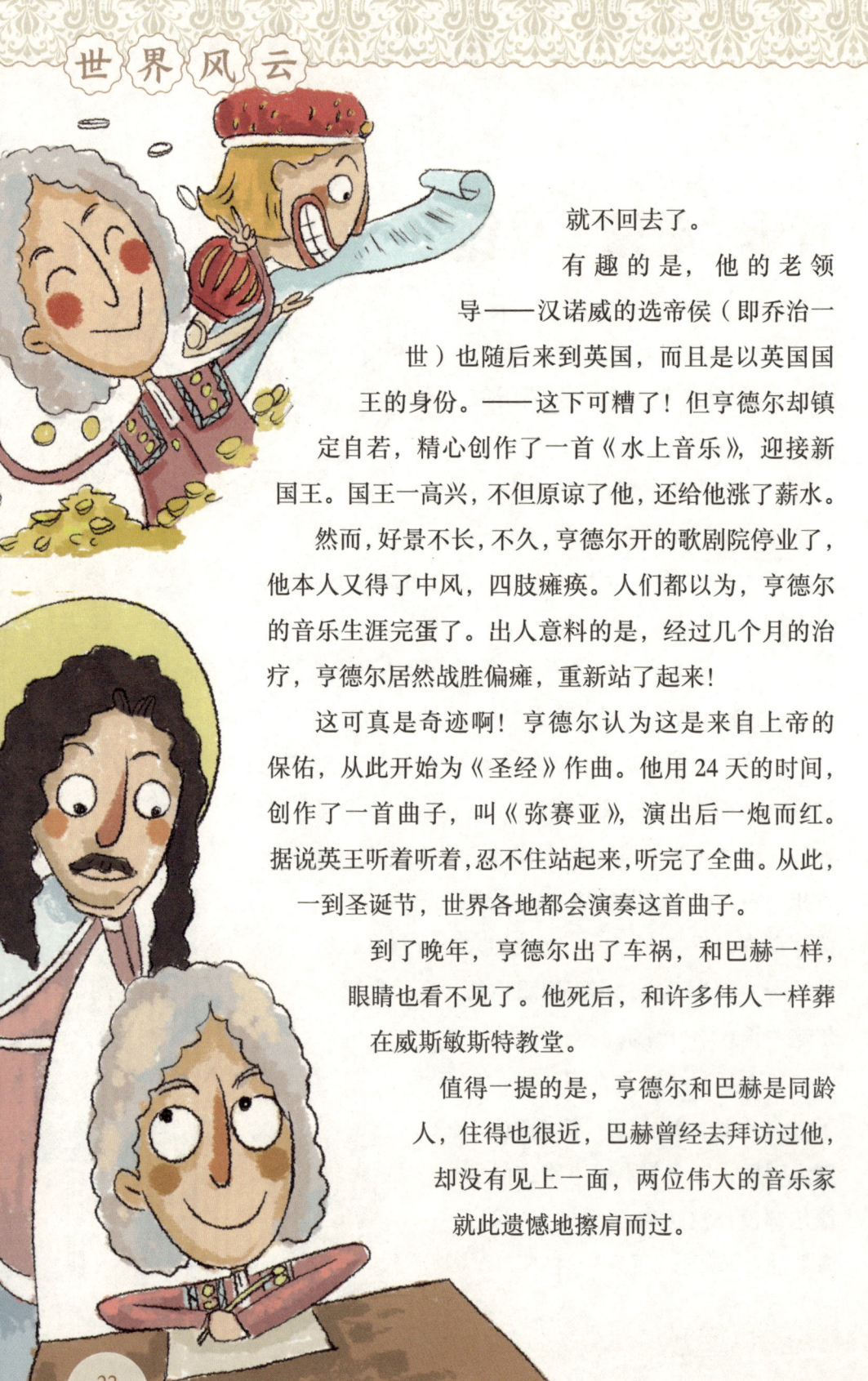

就不回去了。

有趣的是,他的老领导——汉诺威的选帝侯(即乔治一世)也随后来到英国,而且是以英国国王的身份。——这下可糟了!但亨德尔却镇定自若,精心创作了一首《水上音乐》,迎接新国王。国王一高兴,不但原谅了他,还给他涨了薪水。

然而,好景不长,不久,亨德尔开的歌剧院停业了,他本人又得了中风,四肢瘫痪。人们都以为,亨德尔的音乐生涯完蛋了。出人意料的是,经过几个月的治疗,亨德尔居然战胜偏瘫,重新站了起来!

这可真是奇迹啊!亨德尔认为这是来自上帝的保佑,从此开始为《圣经》作曲。他用 24 天的时间,创作了一首曲子,叫《弥赛亚》,演出后一炮而红。据说英王听着听着,忍不住站起来,听完了全曲。从此,一到圣诞节,世界各地都会演奏这首曲子。

到了晚年,亨德尔出了车祸,和巴赫一样,眼睛也看不见了。他死后,和许多伟人一样葬在威斯敏斯特教堂。

值得一提的是,亨德尔和巴赫是同龄人,住得也很近,巴赫曾经去拜访过他,却没有见上一面,两位伟大的音乐家就此遗憾地擦肩而过。

世界风云

超级天才莫扎特

有这样一类音乐天才,在还没学会写字之前,就已经会作曲了。莫扎特就是这样的一个天才。

莫扎特出生于奥地利,父亲是一名宫廷乐手,姐姐也很有音乐才华,而莫扎特本人,很早就会弹钢琴了。

在他5岁的时候,有一天,他的父亲看到他在一张五线谱上涂涂抹抹,父亲问他在干什么,他说他在作曲。父亲听了,哈哈大笑。但当他认真地看了一下那张五线谱后,惊讶地发现,这张乐谱虽然很幼稚,但已经是一部完整的作品了。

到了6岁,莫扎特开始跟着父亲,去欧洲各国巡回演出。因为他弹得太精彩了,一下轰动了整个欧洲。奥地利的女皇还送给他许多礼物。有的人以为他会魔法,要他脱下手上的戒指。

巡演结束后,莫扎特回到故乡,做了一名乐师。1781年,莫扎特因不满大主教的专横,他一怒之下,辞职去了维也纳。

在维也纳,莫扎特创作了很多乐曲。很多人在创作时,都要反反复复地修改。莫扎特却从不打草稿,写出来就是一首完整的作品。有时候,他手中在写这首乐曲的时候,脑中还在构思另一首乐曲。他的理发师说,帮他弄头发是一

世界风云

件很困难的事,因为他只要一有灵感,就会站起来冲向钢琴。

别的音乐家要么擅长为钢琴作曲,要么擅长为小提琴作曲,要么什么都写不出来。这其实很正常,因为既能演奏,又能作曲的音乐家太少了。但莫扎特的作品却多种多样,几乎所有能写的乐器他都写了个遍,而且部部都是杰作。

有的人说,听莫扎特的音乐,有点透不过气来。因为一段美妙的音乐还没抓住,另一段更迷人的音乐又开始了……说他是超级天才,一点都不为过。

这样的天才,想赚钱一点都不难。可是,莫扎特太骄傲了,他不愿意去讨好贵族们,去写一些自己不想写的作品。结果,他虽然写了很多乐曲,却总是被禁止演出。他满腹才华,却穷得叮当响,死后连一个像样的葬礼都没有,尸体被埋在一个普普通通的公墓中。

莫扎特一生漂泊不定,但他的音乐总是充满阳光和快乐,带给人们慰藉。他死后,很多人觉得遗憾,因为以后再也听不到他弹奏的音乐了。

奇幻漂流

让歌剧回归自然

编辑老师：

您好！我是德意志的一名歌剧作曲家，曾创作了7部意大利歌剧，还算小有成就。

最近我有些苦恼。你知道，意大利是歌剧的故乡，几乎人人都喜欢意大利歌剧。但我发现，意大利歌剧太"公式化"了：题材基本是历史，人物基本是一对情人、一位暴君加几个配角，基本是演三幕就结束了。

据我观察，观众已经厌倦了这种模式，再这样下去，歌剧迟早有一天会灭亡。为了拯救这古老的歌剧，我决定对歌剧进行一次改革，让歌剧回归自然。但我新创作的两部歌剧，却没有得到观众的认同。我该怎么办呢？

格鲁克

尊敬的格鲁克先生：

您说得对，意大利歌剧的情况现在十分糟糕。除了您说的歌剧本身的原因，演员的表现也有些差劲，表演浮夸不说，还不能扮演配角、坏人，更不能在舞台上"死"去，甚至还享有在舞台上吃水果、喝香槟的特权，完全把舞台当成了自己家。这样下去，意大利歌剧迟早有一天会完蛋。

而您最新创作的歌剧，展现的是市民的日常生活，塑造的是新人物、新形象，在现代的意大利歌剧中，无异于一股清流。只是维也纳的人们可能暂时还接受不了，建议您去巴黎碰碰运气，那里的人们更开明，也更包容。祝您好运！

编辑 穿穿

（注：格鲁克在巴黎演出的歌剧，获得了圆满成功，改革得到了巴黎人的高度赞扬。）

世界风云

贝多芬只有一个

有一个德国人,听说了莫扎特的故事,也想把自己的儿子培养成神童,好拿出去炫耀。他把儿子成天关在家里练琴,只要弹错一点点,就对他拳打脚踢。

果然,这个孩子6岁就能作曲,8岁就登台演出,25岁就正式出版了自己的第一部作品。他,就是著名音乐家贝多芬。

贝多芬最擅长的是即兴演奏。只要一坐在钢琴前,即使没有谱子,他也能奏出新颖优美的乐曲,好像那些音符一开始就长在他心里一样。

据说,他17岁的时候,曾给自己的偶像——莫扎特即兴演奏过一首曲子。莫扎特听过后,惊讶不已,当场感叹说:"注意这个年轻人,以后他将震撼全世界!"

和莫扎特不一样,贝多芬对自己即兴创作的曲子并不满意,总是改了又改,写了又写,一首曲子总要修改十几次以上。

世界风云

后来，贝多芬去了维也纳。维也纳音乐气氛浓厚，贵族们很喜欢贝多芬的演奏，但贝多芬不愿意去讨好他们，他说："贵族有无数个，贝多芬却只有一个。"

据说，有一次，他和他的好朋友大文豪歌德出门散步，迎面碰上一群贵族。歌德立刻脱帽向他们致敬，贝多芬却把头一昂，骄傲地走开了，从此，再也没有和歌德来往。

贝多芬曾经视拿破仑为英雄，还创作了一首交响曲，准备献给他。可后来，拿破仑却当起了皇帝。贝多芬大失所望，怒气冲冲地说："他也不过是个平凡人！"随后，他把交响乐的名字，改成了《英雄》交响曲。

后来，贝多芬的耳朵慢慢听不见声音了，最后彻底聋了。贝多芬觉得，一个音乐家这样活着，不如死了算了。

幸运的是，贝多芬并没有自杀，因为他突然想到："生活这么美好，我还有那么多曲子要写，怎么能逃离这个世界呢？"

贝多芬一共完成了9部交响曲，以及一两百首乐曲。《英雄》交响曲《命运》交响曲《第九交响曲》……这些伟大的传世作品，大都是在他失聪之后陆续完成的。

当《第九交响曲》在剧院第一次被演奏时，全场一共响起了5次雷鸣般的掌声。按照规定，演员和音乐家只需鼓掌一次即可。但贝多芬对此一无所知，直到一个朋友把他拉向观众，看见观众为他疯狂的场面，他才明白，自己获得了巨大的成功！

贝多芬死后，无数人为他送葬。虽然他听不见，生前也没有赚到什么钱，但他把最伟大的作品留在了人间。人们觉得没有任何音乐家可以比得上他，尊敬地称他为"乐圣"。

嘻哈乐园

自由广场

音乐家们的价值

这些音乐家真是太有才华了,你们都喜欢谁呢?我最喜欢的是"歌曲之王"舒伯特。他的歌曲完全不是"写"出来的,是"流"出来的,就像流水一样自然、动听,可惜才32岁就死了。

奥地利某贵族小姐

意大利某公爵

我最欣赏的是"小提琴之王"——意大利音乐家帕格尼尼。这家伙太有才了,不管小提琴上面有几根弦,他都能拉出优美的音乐!我敢说,没有一个人的小提琴能拉得像他那么好!

再优秀又怎么样?音乐能当饭吃吗?音乐能让你变得更高贵吗?别看他们整天在上流社会厮混,地位还不如一个仆人,收入还不如一个厨子。我是不会让我的孩子去搞音乐的,丢人!

德国某律师

维也纳某音乐评论家

就因为这样,他们还坚持做音乐,才显得他们更优秀!以前他们不受人欢迎,是因为人们没有受到足够的音乐教育。我相信,真正有价值的音乐,是埋没不了的,也会有越来越多的音乐家,证明他们的价值。

名人来了

特约嘉宾

肖邦（简称"肖"）

越越（简称"越"）

嘉宾简介：波兰最伟大的作曲家、钢琴家。他的作品大都是钢琴曲，既可以抒情、浪漫，也可以壮丽、活泼，"就像一门藏在花丛中的大炮"，让人赏心悦目的同时，又震撼无比。

越：您好，肖邦先生。见到您很荣幸。

肖：小记者无需客气，请坐请坐。咳……咳……

越：您身体不太好吗？

肖：是的，得了肺结核。在波兰的时候，就有这毛病了。

越：您是波兰人？

肖：半个波兰人吧。我的母亲是波兰人，但我的父亲是法国人。我从小是在波兰华沙长大的。

越：您的父母都是音乐家吗？

肖：不算吧。只是我的父亲会吹长笛，我母亲会弹钢琴。

越：噢，怪不得您6岁学钢琴，7岁就能作曲，8岁就能当众表演，是母亲教的吗？

肖：不是不是。我母亲给我请了几位有名的钢琴老师，不过到了12岁，我就再也没有请老师了。

越：为什么？

肖：因为老师说，再也没有什么东西可以教给我了。

越：哇，连老师都甘拜下风！果然是"波兰的莫扎特"，天才级别！

肖：过奖过奖。比起巴赫这些前辈，我还要多学习学习。

越：说起学习，维也纳有很多一流的艺术家，是学音乐的好地方，您去过吗？

肖：去过一段时间。可我那时候不想在维也纳待着，我想回波兰，当军人！

越：为什么呢？

肖：如果你的祖国沦陷，你的同胞被欺凌，你也会像我一样！

越：唉，波兰的确是个多灾多难的国家。但您身体不好，您的父母不会同意吧？

肖：唉！所以，我只好去了巴

名人来了

黎。我相信，只要我还会弹钢琴，我就可以以钢琴做武器，激励我的波兰同胞们。

越：听说，您为了给波兰同胞筹款，开了好几次音乐会。

肖：这是我应该做的。请帮我转告一下，如果波兰同胞有什么需要我帮忙的，请一定要来找我。

越：给您点个赞。——不过，听说音乐家的日子都过得不太好，您过得怎么样？

肖：勉强过得去吧。巴黎的人很喜欢我的音乐，我每天教5小时的钢琴课，生活费就有了着落。

越：啊，能够听您亲自讲课，真是这些人的荣幸啊。

肖：另外，我认识了很多好朋友，比如李斯特、柏辽兹、帕格尼尼等音乐家。

越：我记得李斯特。当年您在巴黎的音乐会一夜成名的时候，他公开在报纸上夸赞您说："脱帽致敬吧，先生们，这是位天才！"

肖：过奖过奖。

越：一点都不过。别的音乐家爱炫技，您演奏起来，就像诗人在吟诗一样，非常特别，所以大家叫您"钢琴诗人"呢！

肖：谢谢谢谢。希望我的成名，能够帮助更多的波兰同胞。

越：那如果您能多开几次音乐会，巴黎人就有福啦！

肖：（缓缓摇头）我现在，已经没有什么公开演奏的兴趣了，一般只为我的好朋友演奏。比起那种吵吵闹闹的大型演奏，我宁愿在家作曲。只有在我自己的房间里，我才能得到平静和舒适。

越：那现在法国算是您的第二个家了？

肖：不，不管我走到哪里，我只有一个家，那就是波兰！

越：唉，那您后来回过波兰没？

肖：没有，一直没有回去。这是我的遗憾啊！小记者，我希望，我死后，能把我的心脏带回波兰！这样，我就死而无憾了。

广告贴吧

✉ 出售钢琴

你知道古钢琴是什么样子吗？样子有点像现代钢琴，但是比现代钢琴小，有的下面装着腿，有的没有腿，就直接放在桌子上演奏。本店有少量古钢琴出售，存量不多，欢迎选购。当然，也有大量现代钢琴出售。欢迎各位音乐爱好者前来选购。

安娜琴行

调查证明

经调查，9岁儿童莫扎特有以下表现：虽然声音稚嫩，却能够完美演出；给他一首多声部的声乐作品，他可以马上弹出伴奏部分，同时能够指出演唱声乐部分的人的错误；给他一个旋律，他能够马上写出低音等。莫扎特确实是当之无愧的"音乐神童"，特此证明。

伦敦皇家学会

求贤令

莱比锡音乐学院由著名音乐家门德尔松创建，位于风景优美的莱比锡市。该市是全德音乐文化中心，聚集了许多优秀的艺术家。现特向全国各地招聘音乐老师，要求如下。

热爱音乐及音乐教育事业，有耐心，有恒心，有责任心。特别优秀的，可以直接和院长联系。相信我们，你的梦想有多大，我们的舞台就有多大！

莱比锡音乐学院

第3期

【1815—1848 年】

工人运动在欧洲

穿越必读

拿破仑倒台后，法国人又发起革命，把复辟的国王赶下了台。与此同时，工业革命也给欧洲各国带来了巨大的震荡，工人们纷纷走上街头，反抗资产阶级的剥削。他们的反抗会成功吗？

顺风快讯

维也纳会议再次召开
——来自奥地利维也纳的特别快讯

> 来自奥地利维也纳的特别快讯

（本报讯）拿破仑下台后，维也纳再次召开了一次国际会议。

参加会议的，有欧洲15个王室的重要人物和各国政要，共200多人，但几乎没有一次到齐过。由于各国各有各的打算，会议一直没有商量出结果。作为东道主的奥地利，只好不停地举办宴会、舞会以及演出，来招待这些贵宾。

会上最出风头的，是奥地利外交大臣——梅特涅。他像只蝴蝶一样，在幕前幕后飞来飞去，人们送他一个绰号——"蝴蝶大使"。当代表们争得面红耳赤，甚至大打出手时，他就赶紧站出来打圆场。

梅特涅认为，如果法国被削弱，俄国和普鲁士就会强大起来。在他的周旋下，法国得到了空前的宽大处理——只需要支付7亿法郎作战争赔款，就保住了1790年以前的国界。

会后，奥地利又和俄国、普鲁士联合起来，结成了一个"神圣同盟"。他们约定，以后不管哪个国家发生革命，作为盟友的其他国家，都要伸出援手，帮忙镇压。

世界风云

七月革命,推翻波旁王朝

拿破仑倒台后,法国人又把国王请了回来,想像英国那样,推行君主立宪制,让内阁去处理事情。

可国王查理·菲利普(史称查理十世)却说:"我宁可当一个伐木工人,也不想像英国国王那样生活!"

他一上台,就颁布了几条敕令。比如解散国会,查封报社,限制出版自由,还从老百姓那里搜刮了一大笔钱赔给贵族,以弥补他们在革命中的损失。

这些敕令一发布,整个巴黎炸开了锅,马上有人在报纸上发表了抗议书。人们也开始上街游行,要求与国王谈判。

可国王不但一口拒绝了,还命令警察出面镇压。

这不是火上浇油吗? 1830年7月27日,愤怒的人们高喊着"打倒波旁王朝""自由万岁"的口号,走上了巴黎街头。短短两天内,街道上筑起了上千座堡垒,插满了象征革命的三色旗。

到了第三天,人们成功地攻占了市政厅和王宫,而国王早就灰溜溜地逃走了。至此,波旁王朝彻底灭亡(史称七月革命)。

之后,法国迎来了一位新国王,叫路易·菲利普。因为他出自奥尔良家族,新王朝又建立在七月革命之后,所以,奥尔良王朝又被叫作"七月王朝"。

自由广场

贫富差距有点大

英国
纺织工人甲

哎，原本以为进了工厂，大家就能过上好日子，没想到现在却成了个"三无阶级"，无房、无地、无钱，除了自己的劳动力之外，一无所有！唉！

那些工厂主真是吃人不吐骨头，为了赚钱，要我们每天工作16到18个小时不说，工资却降到只够买一块面包！之前，一个工人每周的工资大约为20先令，现在已经降到6个先令了！实在是坏透了！

英国
纺织工人乙

法国
某纺织工人

是啊，我们织了这么多布，却还是吃不饱，穿不暖，得了病没钱治，死了没有一块布装殓！而那些有钱人，却穿着我们织就的衣服，过着纸醉金迷的生活。实在是太不公平了！

就这样他们还不满意，宁愿用童工和女工当苦力，因为他们工资更低！妇女们出外工作，最可怜的是小宝宝，得不到照顾，病的病死，饿的饿死，惨不忍睹啊！

普鲁士
某纺织工人

法国
某工厂主

有什么办法呢？现在经济危机，许多工厂倒闭。前段时间，我们工厂只要招5个工人，跑来应聘的却有30个。你说，这么多人需要干活，怎么提高工资？能让你有口饭吃就不错了！

世界风云

七月王朝炮轰里昂工人

　　新国王上台后，对百姓总是一副很亲切的样子。人们满以为会过上好日子，结果却大失所望。在七月王朝的统治下，法国的贫富差距越来越大，工人们的生活处境更糟糕了！

　　里昂是法国丝织业的中心，城里光丝织工人就有九万多人。他们从早忙到晚，到手的工资却少得可怜。为了涨工资，工人们和工厂主谈判了好几次。狡猾的工厂主表面答应了，背地里却从巴黎搬来一支军队对付工人。

　　工人们气得要命。1831年11月21日，他们高举黑色大旗，走上街头。大家纷纷表示，宁可战斗而死，绝不苟且地活着！

　　然而，当游行队伍浩浩荡荡地走到市中心时，一支政府军队挡住了他们的去路，用黑洞洞的枪口，对准了他们。

　　"回去，都给我回去！都给我回去！"

　　"让我们过去！让我们过去！"

　　双方怒目相向，谁也不让谁。

　　"砰！砰！砰！"几声枪响，几个工人倒在了血泊中。

　　工人们愤怒极了，他们呼喊着冲向军队，挥的挥木棍，扔的扔石头。短短三天时间，他们在街头筑起了一座座堡垒，击败了政府军。

　　可惜，七月王朝又派来了更多的军队。工人们没有统一的领导，最终被无情地镇压了，一万多名工人被赶出了里昂。

　　（注：之后，里昂工人又发起了第二次工人运动，但再次遭到镇压。）

英国爆发宪章运动

别看工人们过得很惨，资本家却过得很滋润。尤其是英国的资本家，靠着工人阶级的支持，还挤进议会，获得了选举权。

很久以前，英国有一条法律规定，有钱的人必须多交点税，以救济那些生活特别贫困的人。可到了1834年，英国议会却通过了新的济贫法，要求原本靠救济生活的贫民，必须住进劳动院。

所谓的"劳动院"，就是住进去之后，每天要在别人的监视下，不停地劳动，连家人也见不到。很多穷人因为不愿意进劳动院，转身进了工厂。——不用说，这正是资本家们想出来的花招。

有个聪明的木工，便联合一些人成立了一个工人协会，向议会递交了一份请愿书，要求让所有年满21岁、没有犯罪记录的男子，拥有选举权。这份请愿书，就是大名鼎鼎的《人民宪章》。它的出现，像一枚重磅炸弹，把整个英国炸得嗡嗡作响。

可议会却像聋了一般，以绝对多数的票数，拒绝了《人民宪章》的要求，还把很多工人领袖"请"进了监狱。

工人们没有灰心，几年后，又向议会递交了第二份《人民宪章》请愿书。这一次，请愿书上的签名比之前足足多了一倍——300多万！

然而，议会的回答还是跟之前一样——不行！

消息传来，工人们彻底失望，纷纷罢工。然而，不工作，哪来的收入呢？在坚持两三个月后，各地的罢工风波渐渐平息，宪章运动再次进入低潮，最终在欧洲大革命中，宣告彻底失败。

奇幻漂流

我想去城市

编辑老师：

　　您好。前几天，我的表姐给我来了封信，让我和她一起去伦敦的一家糖果厂做工。

　　她说，现在的城市好玩得不得了，有五颜六色的衣服，有琳琅满目的商店，有不用马拉的车子，还有各种各样新鲜的玩意儿。当然，最吸引我的是，城里有事情做，能赚大钱。

　　说实话，我的父母年纪大了，孩子又小，家里又没有地种，我一直打算去城里做工。可是，城市真的有我表姐说的那么好吗？

爱尔兰的乡下妇人玛丽

玛丽女士：

　　您好！这些年，城市的变化确实很大，不过，如果您来到城里，会过上什么样的生活呢？下面我给您描述一下吧。

　　首先，为了上班方便，您必须住在工厂附近，否则您每天可能要走好几公里的路。其次，您住的地方，可能又小又破，卫生条件很差，很容易得传染病。没有人关心您是否吃得饱、穿得暖，因为大家都是陌生人。从早到晚，您面对的是工厂冷冰冰的机器，而您拿到手的工资，却只够您买几块面包。

　　您可能会说，这样的生活太糟糕了！可是，更糟糕的是，如果不去城市做工，您的家人都会饿肚子！所以，不论城市的真相是什么，我们仍然要微笑着继续前行，不是吗？祝您好运！

编辑 穿穿

名人来了

特约嘉宾
罗伯特·欧文
（简称"欧"）

越越
（简称"越"）

嘉宾简介：每一个人都渴望在一个自由、平等以及幸福的国家生活。但这样的国家，真的存在吗？在这里，一个伟大的改革者，为我们做出了可贵的探索和尝试，他就是英国著名的企业家、慈善家、教育家罗伯特·欧文。

越：欧文先生，您好。我以为您在英国，怎么跑美国来了？

欧：我在美国买了块地，在搞试验呢！

越：搞试验？难道您还是一名科学家？

欧：哈，不是不是，我做的试验跟科学家的试验不一样。我要搞的是一个"新和谐公社"。

越："新和谐公社"？什么意思？

欧：就是建立一个与现在社会完全不同的新社会。在这个"新社会"里，财产公有，人人劳动，人人平等。

越：哦，我刚刚在周围转了转，这里环境优雅，图书馆、医院、学校、娱乐中心，也都应有尽有，跟您英国的工厂有点像。

欧：噢，你去过我英国的工厂？

越：那当然，鼎鼎大名的"幸福之乡"啊。别的不说，光是工作时间，别的工厂是十三四个小时，您的工厂却是十个半小时，放眼整个欧洲，都没有这么好的待遇啊！

欧：我10岁就进了工厂，19岁就创办了属于自己的工厂，管理2000多名工人。这些年来，我亲眼看到了工人们过的是什么生活，所以我发誓，一定要让大家过上好日子。

越：嗯，听说您在厂里创办了一个学校，凡是年满2～14岁的孩子，都可以在你们学校接受免费教育。您可是历史上第一个创立幼儿园的人呢！

欧：是的，我反对任用童工！

名人来了

那么小的孩子，不应该在工厂做工，应该去读书，去学知识！一个人，在儿童时期被培养成什么样，成年后也就是什么样的人。

越：没错，"三岁看大，七岁看老"，教育要从娃娃抓起。

欧：除此之外，我希望，每一个男人，都有一技之长；每一个妇女，都有最好的方法培养孩子，让家人过得更舒适。

越：有您这样的老板，一定是件很幸福的事儿。

欧：还好吧，最起码在我那做事，酗酒闹事的事儿基本没有。

越：既然"幸福之乡"搞得那么好，为何您又跑到美国来搞"新和谐公社"了呢？

欧："幸福之乡"再好，也是私有制的产物。私有制是一切罪恶的根源。但"新和谐公社"就不同了，这里所有的东西都是公有的，所有人都是平等的，大家共同劳动，共同享受劳动成果。

越：那不就是吃"大锅饭"吗？

欧：可以这么说。

越：现在这个试验进行得怎么样了？

欧：刚开始也还好，后来有人见不论干多干少都一样，就开始好吃懒做了，有的人还闹分裂，自己另外建立了一个小公社……现在，"新和谐公社"快维持不下去了。

越：那怎么办？从头再来？

欧：（苦笑）唉，这次试验，几乎把我所有的财产都赔进去了。而且，我都快60了，没有这个精力喽！

越：其实，我觉得……（欲言又止）

欧：你想说什么，但说无妨。

越：我觉得这个制度是极好的，但是太理想化了，是不可能实现的。

欧：哦，可能还是我想得太天真了吧。

越：不过，不管怎么说，您的这次试验还是挺伟大的。谢谢您！

广告贴吧

入社规定

本社自成立以来,每一个成员基本都能做到"诚实、勤奋、追求、知识"等基本要求。

为避免品行不端的人混入本社,现规定:只有经过3年见习训练期,表现优秀的人,才能正式加入本社。

新和谐公社

寻有识之士

您是否认为,这个世界是颠倒的世界,是一个富人掠夺穷人的社会?您,是否想改变它?

本人想建立一个新的和谐社会,因为资金有限,一直未能实施。如果您和我有同样的想法,又有资金,欢迎到寒舍一叙。

夏尔·傅立叶

(注:傅立叶是著名的空想家。刊登广告后,他每天中午坐在家中,等候"救世主"的到来,但一直到去世,都没能如愿。)

盲人朋友的福音来了

盲人朋友们,你们的福音到了!同是盲人的英国少年路易·布莱尔,发明了一种文字,专为盲人使用。任何盲人朋友,都可以通过手指"看书识字"了。

想快快告别那个黑暗的世界吗?快来参加我们的学习班吧!

盲文学习班

智者为王

智者为王 第❶关

1. 是谁建立了世界上第一个工厂，被称为"近代工厂之父"？
2. 什么机器的发明和应用，把人类带入了蒸汽时代？
3. 富尔顿曾经向哪个伟大人物推荐过他的汽船？
4. 哪个国家第一个废除了黑人奴隶贸易制度？
5. 第一个横渡大西洋的是什么船？
6. "西方音乐之父"指的是谁？
7. 有"音乐神童"之称的是谁？他是哪国人？
8. 贝多芬被人们称为什么？
9. "小提琴之王"是指谁？他是哪国人？
10. 哪两个音乐大师的眼睛最后失明了？
11. "蝴蝶大使"是指奥地利的哪位外交大臣？
12. 七月革命推翻的是什么王朝？
13. 英国工人运动中，工人们向议会提交的请愿书叫什么？
14. 第一个创造幼儿园的教育家是谁？
15. 是谁发明了盲文？

智者**无敌** 王者为大

第4期

【1845—1848年】

欧洲起火了

穿越必读

1848年是欧洲历史上不同凡响的一年。革命的火花先是在意大利爆发，接着，法国、奥地利、普鲁士……都发生了革命。短短一年间，革命的烈火几乎烧遍了整个欧洲大陆。

顺风快讯

欧洲起火啦
―― 来自欧洲的特别快讯

> 来自欧洲的特别快讯

（本报讯）公元1845年到1848年，对于欧洲来说，是一段多灾多难的日子。

先是人们种下的土豆受病菌感染，严重减产，闹了好几年大饥荒。接着，整个欧洲爆发了一场经济大危机。银行倒闭了，商店关门了，工厂停工了，人们手中的钞票不值钱了，工人大批大批地失业，出外乞讨的人一天比一天多。

可这时候，黑心的商人还抬高了粮食价格。老百姓饿得嗷嗷叫，只好上街游行示威，有的甚至直接闯进商店抢东西吃。一些贵族和教士看不过去，也加入了游行的队伍。

按有些人的说法，现在的欧洲，就是一颗炸弹。只要一颗小小的火星，就足以引发一场爆炸！

不过，谁也没想到，这场爆炸竟然是从意大利的西西里岛开始的，短短两个月，革命的烈火几乎烧遍了整个欧洲……

嘻哈乐园

世界风云

和首相、国王说拜拜

继意大利之后,法国、奥地利、匈牙利、普鲁士等国家也先后爆发了革命。其中,法国革命的影响最大。

在七月王朝的统治下,法国成了大贵族、大财主的天下,3000多万的法国人,只有这20多万人才享有选举权。不但工人、农民没份,就连小商人、小地主和资产阶级也都统统靠边站。

比如,想要竞选议员吗?——先拿500法郎再说。你可能会说,没关系,我不竞选,就想投个票,选个自己中意的议员——对不起,那也得拿200法郎出来,才有这个资格。

首相基佐还得意地说:"诸位,想成为选民吗?那就赶紧想办法发财吧!"

整个政府贪污腐败,充满了铜臭的味道。老百姓对此十分不满,希望能够实

世界风云

现普选,建立一个新的共和国。

大家以举办宴会为名,聚在一起。到后来,这些宴会越办越大,少的有1000人,多的有上万人。

参加宴会的客人,喊出了这么些口号:"我们要工作!我们要吃饭!我们要选举权!"

国王听到这些口号,吓得魂飞魄散,立刻宣布:严禁聚众闹事,取消一切聚会!

这下,巴黎人怒了!

1848年2月的一天,他们冒着大雨,冲向基佐的住处,高喊着"改革万岁""打倒基佐"的口号,表示抗议。

政府派出国民卫队前去镇压。没想到,国民卫队反倒站到了群众的那一边,加入了革命队伍。

国王一看,大事不好!为了保住王位,他赶紧撤掉了基佐。

可这一次,巴黎人就没那么好忽悠了。他们闯进王宫,推翻了国王的铜像和宝座,解散了政府和议会。最终,推翻七月王朝,建立了法兰西第二共和国(史称法国二月革命)。

世界风云

梅特涅逃跑了

维也纳会议之后，德意志的 30 多个邦国，以奥地利和普鲁士为首，组成了一个"德意志邦联"，由梅特涅担任邦联议会主席。

要说这三十年来，欧洲风头最劲的人是谁，那肯定就是"欧洲首相"——梅特涅了。他自称是全欧洲的"消防队长"，不管哪个国家闹革命，他都要去帮忙灭"火"。

至于奥地利，他就更操心了。他把那些出版的图书，查了又查，还派出许多警察和密探，像警犬一样，到处偷听人们谈话，就连学生也不例外。凡是有说国王坏话的，不管三七二十一，统统抓起来。

奥地利发生经济危机的时候，很多人被迫流落街头。一些人饿得实在受不了，就去抢面包房。

有人看了不忍心，问梅特涅："要不要给市民发点救济粮？"

世界风云

他却训斥说："现在需要拯救的，不是街头的穷老百姓，而是我们政府和皇室！"

可以说，除了国王外，奥地利甚至整个欧洲的人，都对他恨之入骨，一些人甚至还想杀了他。

法国人把国王和首相赶下台后，奥地利人也跑到街上游行，要求梅特涅下台。

梅特涅派出大批士兵前去镇压，士兵们却拒绝执行命令，"砰砰砰"地对着天空放空枪，最后还和群众站到一边，包围了皇宫。

皇帝吓得要命，只好撤销了梅特涅的首相职务。

梅特涅眼看大势已去，就在一天夜里，给自己抹上口红，戴上假发，穿上裙子，化装成一个女人，偷偷摸摸地从后门逃走了……

"梅特涅逃跑了！梅特涅逃跑了！……"

消息传来，老百姓高兴得不得了，就像庆祝节日一样呢！

世界风云

国王拒绝当皇帝

法国二月革命之后，普鲁士的首都柏林也在三月爆发了革命。人们希望能统一德国，制定新的宪法。

奥地利的国王下台后，普鲁士国王腓特烈·威廉（史称威廉四世）害怕自己也落得同样的下场，就同意了大家的要求。

1848年5月18日，全德国民议会在法兰克福召开，会议最核心的目标只有两个字——统一！统一！统一！

可是，德国统一后，由谁来当老大呢？是普鲁士，还是奥地利？土地该怎么分呢？代表们意见不一，争争吵吵了大半年。最终，大家制定了一部《德意志帝国宪法》，推举威廉四世当德意志的皇帝。

可威廉四世看到那顶皇冠，拒绝了，他说："这是什么？这是奴隶的锁！只要戴上它，我就成了革命的奴隶！"

其他邦国的君主也是这种态度。他们认为，制定宪法的是人民，代表的是人民利益，当这样的皇帝很没面子。

这可把人们给气坏了。你不愿意当，我们还不干呢！为了维护帝国宪法，他们发动"护宪"运动，把国王的军队打得落花流水，吓得国王赶紧投降。

但国王的弟弟威廉亲王是个狡猾的家伙，他化装成老百姓逃了出去，然后带着军队杀了个回马枪，恶狠狠地镇压了这次革命运动。议员们吓得不行，四散而逃。德国革命就这样失败了。

自由广场

革命之后

法国某工匠

没想到这次革命闹得这么大！几乎所有欧洲大城市都爆发了革命！什么工人、农民、贵族、教士、小商贩全都参与进来了！

大家的表现真是让人大吃一惊呢！无论是穷人还是绅士，全都十分投入！当一座街垒被炮火捣毁后，他们马上修建了下一座！那动作，我都怀疑他们是天生干这行的！

驻柏林的某外国使节

普鲁士某思想家

可是大家目标不一样，一部分是为了生存，一部分却是为了自由和统一。最后结果肯定也不会一样！比如法国的二月革命干得漂亮吧，最后却让拿破仑的侄儿夺了权。德意志和意大利，现在也还是四分五裂，没有统一。

但这次革命还是很有意义的，最起码，神圣同盟和四国同盟被干掉了。一些国家开始制定新的宪法，人们开始觉醒。未来的欧洲，肯定会发生翻天覆地的变化！

意大利某军人

震撼世界的《共产党宣言》

1848年2月,一本叫《共产党宣言》的小册子在欧洲横空出世,震动了整个世界!

奇怪,这本小册子的所有文字加起来,只有一万多字,为什么会有这么大的威力呢?这就要从一个叫共产主义者同盟的组织说起了。

共产主义者同盟,原名叫正义者同盟,是一个国际性的工人组织,提倡"财产公有,人人平等",并且在很多国家都设有分部,是很多工人运动的领头人。

当工人运动接二连三地失败后,他们百思不得其解,于是去拜访了一个叫马克思的革命家。

马克思是一名犹太人,来自普鲁士。他有一个好朋友叫恩格斯,两个人一直非常关注工人运动。他一针见血地指出,工人运动多次失败,是因为缺乏一份科学的理论指导纲领。

在同盟的盛情邀请下,马克思和恩格斯加入同盟,并将它改名为"共产主义者同盟"。之后,两人又一起为同盟起草了一份《共产党宣言》,它第一次全面系统地阐述了科学社会主义,标志着马克思主义的诞生。

《共产党宣言》一经发表,立刻像长了翅膀一样,传到世界各地,被全世界工人视为必读经典。

奇幻漂流

当总统，还是当皇帝呢

编辑老师：

您好。我是拿破仑·波拿巴。没错，我的伯父就是大名鼎鼎的拿破仑。因为他的缘故，法国战败后，我四处流浪，吃尽了苦头。

法兰西成立了第二共和国后，选我当总统。他们不知道，其实我真正的目标是，能像我的伯父那样，做一个皇帝，统治法兰西，甚至整个欧洲。

经过这几个月的努力，目前我已经控制了巴黎的军队，我有信心，我称帝的时机已经到了。你说，我是该继续当总统呢，还是该为自己的梦想努力一把呢？

法兰西第二共和国总统　拿破仑·波拿巴

总统先生：

您好！不得不说，您的名字，是有魔力的。很多人选您当总统，就是因为您的名字是拿破仑。

大家希望您也能像您的伯父那样，把法国带向一个强盛的时代。您在竞选总统时，也曾口口声声说过，会做工人们的朋友，为穷人代言。

很显然，您欺骗了大家。您有拿破仑的野心，却没有他的智慧、他的能力，也没有他的人气。即使您能当上皇帝，也当不了多久。因为，靠花言巧语搭建的帝国，一定不会长久。

编辑　穿穿

（注：1851年12月2日，拿破仑·波拿巴发动政变成功，并于次年12月建立了法兰西第二帝国，史称拿破仑三世。）

名人来了

特约嘉宾 梅特涅（简称"梅"）

越越（简称"越"）

> 嘉宾简介：奥地利首相，也有"欧洲首相"之称。在维也纳会议后的30年里，欧洲被称为"梅特涅时代"。有人说，如果有一天连拿破仑都被人忘记了，他都有可能还被人提起。

越：首相大人，您好。

梅：（正在化装）有什么话快说吧，我要走了！

越：您怎么打扮成女人模样了？

梅：（紧张）嘘，你想害死我啊！要是被他们认出来了，我还走得掉吗？

越：唉，早知道这样，当初就应该对人民好一点呀！

梅："人民"？他们也配称"人民"？不过是一帮什么都不懂的乌合之众罢了！

越：看来您很害怕这次革命啊。

梅：不是怕革命，是怕暴力，怕战争。你经历过法国大革命吗？

越：那么伟大的革命，我要经历了就好喽！

梅：（摇头）无知者无畏，经历过你就不会这么说了！

越：怎么了？您看到了什么？

梅：没有一座房子是完整的，没有一棵树是活着的，甚至就连埋死人的人都没有，你说惨不惨？

越：那是有点惨！

梅：所以，我希望这种事不要发生了，有革命就会有战争，有战争就会有破坏，危害太大了。

越：这种理论拿破仑可能不会认同。

梅：他当然不会认同。在他看来，所有人都应该成为他的战士！是不是很可怕？

越：看来您很不喜欢他！那您当初为何要撮合他和你们公主的婚事呢？

梅：我听说拿破仑向俄国公主求婚的时候，被拒绝了。如果这时候，奥地利愿意把公主嫁给他，那不是让

名人来了

他很有面子吗？这样既能保全奥地利，又能让他把目标转向俄国，岂不是两全其美？

越：您与拿破仑交好，不怕得罪其他国家吗？

梅：不怕！我跟其他国家承诺过，无论怎么样，都不会跟拿破仑联手。

越：拿破仑居然不知道？哎，真不知是您太狡猾，还是拿破仑太蠢？

梅：他不是太蠢，而是已经疯了，想统一欧洲想疯了！

越：哇，如果欧洲能统一，地盘比我们中国还大呢！

梅：可为什么一定要通过战争来实现呢？我们可以换一种和平的方式，比如建立一个像"神圣同盟"这样的体系，遵守共同的规章制度，团结一致，不就相当于统一了吗？

越：这个体系要是好的话，为什么革命的人越来越多呢？

梅：哼！这都是因为他们太贪心了。有了统一，又想要自由，要民主。——哼！那些东西有什么好的？大家像以前一样生活，不是挺好吗？

越：镜子一旦破碎，就难以复原。现在一切都变了，您也要向前看才行。

梅：唉，要是我能生早一点就好了，这样，我就能好好地享受过去的一切。

越：那您就没有现在这么有名了。

梅：要么，生晚一点也行，这样我就可以目睹20世纪了。

越：哈哈，首相大人，您可真会开玩笑。像您这样的人，是不会喜欢20世纪的。

梅：为什么？

越：您连英国人的疫苗接种都不能接受，又怎么会喜欢20世纪呢？20世纪的新事物就更多啦！

梅：唉，反正都跟我没关系了。好了，我要走了！

越：呃……您还是赶紧逃命吧！（梅特涅仓皇而逃）

广告贴吧

自由与爱情

生命诚可贵,
爱情价更高。
若为自由故,
二者皆可抛。

裴多菲

(注:裴多菲是匈牙利革命领导人之一。)

庆祝再次发现土星卫星

美国天文学家邦德和英国天文学家拉塞尔,竟然分别发现了同一颗土星卫星。这个可爱的大家伙竟然不是一个球体,反倒像极了一个充满坑洞的海绵。

迄今为止,这是人类发现的第七颗土星卫星。相信人类还将继续探索浩瀚的太空,发掘更多的星际秘密。在此向两位科学家表示热烈的祝贺!

天文学家学院

《安徒生童话集》到货了

大家盼望已久的《安徒生童话集》到货啦!

这套书收录了丹麦著名童话作家安徒生的很多旧作,同时也收录了他的新作《丑小鸭》。据说《丑小鸭》是安徒生先生自身的写照。这位童话作家是否有着和童话一样美的生活经历呢?翻开他的这本童话集你就知道啦!

启发书店

废除《航海条例》

为扩大商品市场,与欧洲各国互惠互利,现决定取消对本国的贸易保护政策,废除《航海条例》,实行贸易自由政策。

英国政府

第 5 期

【1848—1870 年】

意大利的统一

穿越必读

  自西罗马帝国灭亡后,意大利分裂成许多个国家。它们大小不一,各自为政。最后,一个叫撒丁的王国,依靠自己的武力和才智,把这些国家聚集在一起,完成了意大利的统一。

顺风快讯

意大利的出路在何方
——来自意大利地区的快讯

（本报讯）自从1848年第一个爆发大革命后，意大利就乱成了一锅粥。除了北边的撒丁王国，其他地方几乎都被奥地利等外国势力控制了。所以，意大利人便把统一的希望寄托在撒丁王国的身上。

撒丁的国王伊曼纽尔二世刚即位不久，心里也暗暗发誓：一定要把这些外国侵略者赶出去，建立一个统一、独立的意大利！

然而，这并不是一件容易的事——

首先，意大利已经四分五裂了一千多年，从未统一过。虽说在大大小小的邦国里面，撒丁王国实力还算不错，那也是矮子里面拔将军——凑合。如果其他邦国的实力能打40分，撒丁王国顶多也就能打个60分，强不了多少。

其次，他们的敌人——奥地利实在太强大了，以撒丁王国目前的实力，根本惹不起。

那么，意大利的出路究竟在何方呢？

来自意大利地区的快讯

加富尔的"妙计"

要想打败敌人，首先得让自己强大起来。

1852年11月，伊曼纽尔二世任命财政大臣加富尔为首相，开始进行一系列的改革。

加富尔做过实业，办过报纸，没事就研究英国。虽然他看起来胖墩墩的，却非常有经济头脑。在他的努力下，撒丁经济发展迅速，很快成为意大利最富有的一个王国。

但光凭这些，撒丁还是远远赶不上奥地利，怎么办？

就在加富尔发愁的时候，1853年10月，轰动欧洲的克里米亚战争突然打响了！

按理说，这次战争和意大利一毛钱关系也没有。挑起战争的，一方是俄国，一方是土耳其和英法联军，打仗的地方，也主要是在俄国的地盘上，和意大利压根沾不上边。

但加富尔却眉头一皱，计上心来，立刻派了一支军队过去，给英法两国摇旗呐喊。

奇怪！人家打仗，你意大利瞎凑什么热闹？你那点兵，除了白白浪费军费，能有什么作用？很多人都觉得莫名其妙。

不过，像加富尔这么聪明的人，怎么会做赔本的买卖呢？他早就看出来了，以俄国的实力，肯定不是英法联军的对手。抱着英法联军的大腿，不仅可以跟着打胜仗、捞油水，还可以借这个机会，向两个大国献殷勤，讨他们的欢心。

世界风云

不出所料，1856年，英法联军果然大败俄国，撒丁王国也跟在后面神气了一回，成为战胜国的一员。

"大哥们"被加富尔哄得心花怒放，特别是法国皇帝拿破仑三世，看见加富尔那张胖脸就开心，总想为他做点什么。

加富尔一看时机成熟了，立刻向拿破仑三世请求说：大哥啊，能不能帮帮小弟，去揍一揍奥地利啊，它老是欺负小弟！

拿破仑三世说：帮忙可以啊，但不能白帮，有什么好处吗？

舍不得孩子套不住狼呀，加富尔一咬牙，向拿破仑三世承诺：事成之后，撒丁王国愿意割让两处土地给法国，作为报酬。

报酬这么诱人，拿破仑三世心里乐开了花，立即出兵攻打奥地利。奥地利被打得嗷嗷叫，撒丁王国就趁机把一些小邦国抢了回去。

就这样，意大利的中北部地区基本得到了统一。

你们这是欺负弱小！

世界风云

加里波第和他的"红衫军"

提起加里波第，意大利是无人不知，无人不晓。

这位传奇人物，出生在意大利一个普通家庭。因为父亲是个船长，他十几岁就游历了大半个欧洲。二十多岁时，他参加革命失败，流亡到南美洲。在那里，他参加了巴西、乌拉圭人民的独立运动，屡建战功，成长为一名出色的将领。

1848年，意大利各地掀起一股革命热潮，加里波第怀着满腔热血回到祖国，却不幸再度遭到失败，流亡国外。这时，他的名声已经传遍了世界各地，人们把他当英雄一样崇拜。

1859年，撒丁王国决定对奥地利发动战争，很多人不愿意为国王战斗。于是，加富尔邀请加里波第回来领导志愿军。

和加富尔不同，加里波第希望意大利人通过自己的努力赢得独立。当他得知，加富尔用意大利的国土去和法国做交换时，一怒之下离开了军队。

意大利北部统一后，南部的西西里也奋起反抗，但遭到王国军队的残酷镇压。在人们的大声呼吁下，加里波第决定远征西西里。

世界风云

他一声号令,马上有一千多人聚集到他面前,自愿和他一起去南方战斗。

加富尔知道后大吃一惊,因为西西里王国拥有十万人的军队,一千人对十万人,这不是疯了吗?

但加里波第才不怕呢!他带着这支一千多人的军队,雄赳赳气昂昂地出发了。一路上不断有人加入,队伍很快发展到两万多人。因为他们身穿红色上衣,配着鲜艳的小领巾,人们称他们为"红衫军"。

在加里波第的巧妙指挥之下,红衫军一路向前,所向披靡,短短几个月,就解放了西西里岛。

面对加里波第的胜利,加富尔不知如何是好。他既想利用加里波第来实现统一,又担心加里波第打了胜仗,会和贵族争地盘,于是下令停止向红衫军提供武器。

让人意外的是,当人们提出要让加里波第当他们的国王时,加里波第却把自己辛辛苦苦打下来的领土,交给了撒丁王国。

1861年,伊曼纽尔二世正式加冕为意大利国王。从此,意大利不再是一个地名,而是一个强大的、统一的国家了。

奇幻漂流

罗马城永远属于意大利

编辑老师：

您好。现在意大利基本统一，但我们的千古名城——罗马还在法国人手里。前段时间，普法战争爆发，法国从罗马撤了军。我想趁这个机会收回罗马，完成国家统一。

但罗马城现在是教皇住的地方。我本想以"保护教皇"的名义，和平地进入罗马城。但教皇却不愿意，明知道打不过，还派出一小撮军队进行抵抗！这不是想告诉别人，我是在武力占据罗马城，让我难堪吗？

现在他躲在梵蒂冈，坚决不出半步，我该怎么办呢？还要继续进军吗？

意大利国王　伊曼纽尔二世

尊敬的国王：

您好。罗马本来就属于意大利，没有罗马的意大利，是不完整的。也就是说，罗马必须收回来。

但是，教皇国在历史上是一个独立的国家，并已得到各国的承认。如果继续进军梵蒂冈，可能会引起其他强国的不满，甚至横加干涉，这样一来，意大利的统一大业可能遭到破坏。

所以，倒不如给教皇留点颜面，让他保留梵蒂冈作为落脚之处。您放心，教皇早已没有从前那么大的权力了，管不了什么事了。以后，您做您的国王，他做他的教皇，大家井水不犯河水，不也挺好的吗？

编辑　穿穿

（注：1870年，意大利收回罗马，完成国家统一，教皇退居梵蒂冈。）

自由广场

为什么是撒丁王国统一了意大利

某学生

你们说，在意大利，撒丁王国面积不算大，实力也不算强，但为什么是它最后统一了意大利呢？

意大利这么多邦国里，真正独立的只有撒丁王国，只有它不受外国的控制和影响，不像别的邦国，做什么都要看奥地利、西班牙、法国的脸色，像傀儡一般。自己都不自由，又如何领导别人走向自由呢？

某贵族

某马车夫

人家虽然小，但人家够聪明，够圆滑啊。你看他一会儿倒向这边，一会倒向那边，哪边有利，它就往哪边倒，这看风使舵的本事有谁比它强？人家就是能够每次都能正确站队，就这点，你不得不佩服啊！

哼！这种"墙头草随风倒"的做派，只是国家的一种外交手段。我们做人做事，可不能像它这样，而是要做一个诚实、可靠的人噢！

某皮鞋匠

名人来了

特约嘉宾
加里波第
（简称"加"）

越越
（简称"越"）

嘉宾简介：意大利的头号名将。他的一生充满传奇色彩，曾先后在南美洲和欧洲创下军事史上的奇迹。人们崇拜他，敬仰他，称他为"两个世界的英雄"。

越：加里波第先生您好，您这地方真不好找啊！

加：多来几次，就容易找了。

越：呃，算了吧，这岛上又没什么好玩的。您为什么放着大官不做，跑这荒岛上当农夫来了呢？

加：我的任务已经完成了，还不能让我这糟老头子过过我想过的生活吗？

越：我听说撒丁王国给了您一大堆奖励啊，有城堡、汽艇、庄园什么的，那生活不是更好？

加：是很不错，不过我都拒绝了。

越：为什么呀？

加：只要意大利统一，我就别无所求了。现在这种钓钓鱼、打打猎、种种菜的生活，我很满意。

越：这种生活也太简单了吧？

加：简单？小记者，你一看就是蜜罐里泡大的。当年我在外地打游击战的时候，这种生活对于我，就像天上的星星，遥不可及！

越：打游击？能给我们讲讲您早年的经历吗？

加：对，打游击。我打的不是正规战，而且我不只在意大利打，还在巴西打，在乌拉圭打，在法国打……哪里的人民需要我，我就在哪里打。

越：哈，我听说了，您的"红衫军"可是名扬天下啊。请问您为什么选择红衣服做军服呢？太招摇了吧？

加：没办法，当年在乌拉圭的时候，我们的军队比较穷，没有军服，就找来一些屠夫穿的红色工作服穿。刚开始，大家都觉得有些别

名人来了

扭，可是时间久了，习惯了，反而觉得这种红衣服穿在身上很威风，就舍不得脱了，哈哈！

越：这红色，在我们中国，可是大吉大利的色彩，怪不得您能经常打胜仗呢！

加：哈哈，还有这事？那我这是歪打正着喽？

越：（做鬼脸）可不是！——有这样的军队撑腰，您为什么不干脆当国王呢？那多威风啊！

加：一山不容二虎，一个国家也不能有两个国王。在我看来，国王有胆量，有智慧，有胸襟，比我更适合做国王。

越：怎么说？

加：当年撒丁王国自己颁布宪法，成立议会。奥地利不喜欢这种做法，要求他废除宪法，但他拒绝了。

越：他怎么说？

加：他说，我要求人们遵守宪法，我自己首先得遵守宪法。如果你们要我取消，我宁可决一死战！

越：有气魄，有担当！

加：你想想，我们已经有了一个好国王，为什么还要横生枝节，再多弄一个国王出来呢？

越：您的胸襟比国王还宽啊！

加：每次我和加富尔有争议、有矛盾的时候，都是国王出面调停。当加富尔在国王面前诬陷我要谋反时，国王也总是选择相信我，没有听信加富尔的话。

越：你俩还不和？为什么？

加：这有什么奇怪的？他解决问题，喜欢搞外交，抱大腿；我解决问题，喜欢打仗，能没冲突吗？

越：也是。你们意大利这一千多年，打赢的战争屈指可数，他哪能想到，还能有您这么个常胜将军呢！

加：哈哈，虽然我们不太合拍，但我们目标是一样的。只要意大利统一了，人民安定了，我们这一生就别无所求喽。——好了，不说这些陈谷子烂芝麻的事了，行吧？咱们一起钓鱼去吧！——这鱼可比王冠香多了！

越：哈哈，好嘞！

广告贴吧

卖鸟粪喽

前不久,我们船队在前往中国贩卖鸟粪的途中,遇到了台风,船只的桅杆与船桨都不幸遭到破坏,好不容易才抵达厦门。现在急需在此地对船只进行维修,不知哪里有合适的木材,望大家告知。

来自意大利的船队

(注:南美洲的鸟粪是最好的天然肥料之一,很受种植户的欢迎。)

迁都罗马

罗马是意大利文明以及欧洲文明的中心。在这里,意大利经历了辉煌灿烂的古罗马帝国。为了让所有意大利人团结起来,防止敌人重新打罗马的主意,现决定于1871年将首都迁到罗马。特此公告。

意大利国王

《论人的责任》即将出版

你知道,一个人的责任有哪些吗?一个讲权利的人和一个讲责任的人,有什么区别吗?

本周周五,著名思想家马志尼将就他的新书《论人的责任》,在意大利进行首发演讲,现有少量席位空余,敬请光临。

马志尼新书发行处

(注:马志尼与加里波第、加富尔并称为"意大利独立三杰"。)

第 6 期

【1861—1865 年】

美国南北战争

穿越必读

美国独立以后，一路向西扩张。每扩张一次，南北对立就加深一层。就这样，美国第二次资产阶级革命，也是美国唯一的一次内战——南北战争打响了。南北战争的结局，为美国成为世界头号强国奠定了坚实的基础。

顺风快讯

美国兴起"小屋"热
―― 来自美国的特别快讯

（本报讯）最近（1852年），一本名叫《汤姆叔叔的小屋》红遍了美国各州。出版后头一年，就卖了30万册！

书中讲述了一个叫汤姆的黑奴，对主人一片忠心，却因为主人破产，被卖给奴隶贩子。他心地善良，乐于助人，最后却被奴隶主毒打致死。

汤姆叔叔的不幸遭遇，引起了人们对黑奴的关注和同情。

据调查，美国有400多万的黑奴，几乎占南部人口的一半。这些黑奴一天要工作十几个小时，累了也不让休息，做完工回到家还得自己磨玉米吃，甚至随时有可能遭到毒打和枪杀。由于北方废除了奴隶制，许多黑奴纷纷逃往北方。

这本书的作者，是个女性，叫斯托夫人。她见过很多逃亡的黑奴，对黑奴的不幸生活十分同情，所以写下了这本书。

不过，拥有大量黑奴的南方人却气坏了！他们说，这本书是在造谣，在胡说八道。这是怎么回事呢？

来自美国的特别快讯

美国扩张的秘密

我们知道，美国刚刚独立的时候，只有13个州，身边还有一大片地盘，是属于其他国家的。然而，到了1849年，美国的领土面积却扩大了好几倍！这是怎么做到的呢？

答案很简单，一个字——买，买，买！

比如，美国西边的路易斯安那，原本是法国的殖民地。拿破仑掌权后，忙着四处征战，没空管它。

美国就跑过去跟他说："我们给您准备了一份礼物，一份是1500万美元，一份是英美联合作战书，不知您要哪一份呢？"

拿破仑心想：这路易斯安那太远，太难管理，与其被英国抢了去，还不如顺水推舟卖给美国，说不定，英国从此还多了个劲敌！

就这样，美国以1500万美元的低价，买到了路易斯安那，算下来，一英亩（1英亩≈4046.86平方米）相当于只要4美分！

尝到这种甜头后，美国人胃口大开。1819年，又掏出大约500万美元，从西班牙手中强行买下一块地皮，叫佛罗里达。

接着，他们又盯上了墨西哥的得克萨斯，可墨西哥人一千万个不愿意卖，咋办？美国人脑筋一转，想出一个绝招——

向得克萨斯大量移民,唆使当地闹独立。得克萨斯被说得晕头转向,果真脱离墨西哥,投入了美国的怀抱。

墨西哥人气得不行,派出军队和美国人打了一仗。结果技不如人,打了败仗不说,还被迫以1500万美元的价格,把加利福尼亚在内的,将近一半以上的国土"卖"给美国。

就这样,美国以买白菜的价格,买到了一个个菜园子,整个北美洲,除了加拿大,几乎都成了美国的领土,加起来,差不多有整个欧洲那么大!

也就是说,美国一下子地跨大西洋和太平洋,变成了一个可以与欧洲相媲美的超级大国!

在逐步的扩张中,美国的南方和北方走向了两条不同的道路。南方人喜欢种地,搞种植园经济,买黑奴干活;北方人喜欢开工厂,搞工业化建设,用机器干活。

因此,北方人认为,欺压黑奴是不对的,黑奴也是人,也有人权,应该马上废止奴隶制度。

南方人却说,没有奴隶干活,谁给我们种地?黑奴是我们花钱买来的,买来的东西有什么权利谈平等,谈自由?你们一口一个宪法,宪法不是说了要"民主"吗?要不要黑奴,应该由我们南方人自己说了算,麻烦你们不要狗拿耗子多管闲事!

两边争执不休,谁也不肯让谁,怎么办?按照美国的规矩,投票呗!谁得到的票数越多,就支持谁。

所以,每新增一个州,南北双方都争先恐后地涌入新州,想拉它入伙,为自己多整点选票。新州越多,南北方的矛盾就越深,双方都恨不得将对方除之而后快。

奇幻漂流

我要解放黑奴

编辑老师：

您好！我叫约翰·布朗。虽然我是个白人，但我对黑奴制度深恶痛绝。我曾经帮助过很多黑奴秘密地逃往北方。因为南方的黑奴如果去了北方各州，就能成为自由人。

最近，我听说了一件事：有个黑奴和主人在自由州住了几年，按照惯例，他已经是个自由人了。可最高法院的法官却说，他是主人的私有财产，一辈子都只能当奴隶。

这让我十分气愤。如果连法律都偏袒白人，这世上还有什么公道可言？逃亡有什么用？

本来我以为不流血，就能洗清这个国家的罪恶，现在看来，不流点血是不行了！

约翰·布朗

尊敬的约翰·布朗先生：

您好！您的勇气和胆量，让我钦佩。但我也无可奈何。目前在南方，黑奴制度是合法的，要解救黑奴，除非改变法律。否则，凭您几个人的力量，是无法与整个黑奴制度对抗的，甚至有可能失去性命。

不过，也正因为有您这样正直善良的人，并奋勇当先，可怜的黑奴才看到希望，看到光明。"星星之火，可以燎原"，相信世界一定会还给黑奴一个公道的！请耐心等待吧！

编辑 穿越

（注：1859年，约翰·布朗在美国发动了一场声势浩大的奴隶起义，因寡不敌众而失败并被捕。他死后，北方各州全部降半旗致哀。）

世界风云

从小木屋里走出来的新总统

1860年11月，一个叫亚伯拉罕·林肯的共和党人，在众多选举人当中脱颖而出，成功当选为美国第16届新总统。

令人大吃一惊的是，这位新总统在南方的得票是0，也就是说，没有一个南方人支持他。这是为什么呢？这个就要从林肯本人说起了——

同汤姆叔叔一样，林肯也出生在一个小木屋里。他的母亲在他很小的时候，就去世了。幸运的是，他有一位受过教育的继母，待他和他的姐姐有如亲生。

林肯很喜欢读书，但是家里实在太穷，他在学校读书的时间，加起来不超过一年。

懂事的他从小就帮父亲干活，十几岁就开始外出打工，什么水手啦，乡村邮递员啦，伐木员啦，等等，他都干过。因为勤奋好学，又踏实肯干，人们都很喜欢他。

有一次，林肯去南方运货，看到市场上有人在拍卖黑奴。黑奴们戴着脚镣手铐站在那里，奴隶主们一个一个地走过来，摸摸这里，拍拍那里，

世界风云

看是不是长得很结实,像挑选牲口一样。

林肯看了很愤怒,却又无可奈何。因为在南方买卖奴隶是合法的,要解救黑奴,除非废除这条法律。

从那时起,林肯开始学习法律。考上律师后,他又当选为州议员,最后打败一大帮竞争对手,成功当选为美国新总统。

南方人一看——一个不喜欢奴隶制度的人当上了总统,完了!迟早会对付我们!

于是没多久,南方七个州联合起来,宣布退出联邦,成立一个新的美国——"美利坚诸州同盟",而且还像模像样地制定了新宪法,选出了新总统,大有一副要与北方PK的架势。

其实,林肯并没有废除黑奴制度的想法,毕竟刚刚走马上任,还指望南方人给他一点面子,多支持他一下。

可南方人这么一闹,一下出来两个"美国",林肯的面子实在挂不住。要是连这么一件事都处理不好,他这个总统还怎么当得下去呢?

世界风云

"美国"打"美国",林肯解放黑奴

1861年4月12日,南方一不做二不休,向驻守在南方的北方军队发起进攻。"轰隆"一声炮响,内战就这么开始了!

一开始,北方人还挺乐观,认为北方人多、钱多、位置好,南方必败。有的人还带着老婆、孩子、仆人,坐着马车,跟在军队后面,甚至还带上了望远镜,那热闹劲,就跟过节看戏一般。

没多久,他们就高兴不起来了。

指挥南方军作战的将军,叫罗伯特·李,是举国公认的名将。而南方人为了监视黑奴,平时都带刀带枪的,战斗力很强。一时间,北方军队被打得找不着北。林肯一连换了好几个指挥官都不管用,急得想自杀。

这时候,北方军队冒出一个英雄,名叫格兰特。格兰特以前从过军,因为爱喝酒,常常违反军纪,所以退役回家开了一家杂货店,这次重新入了伍。因为他为人豪爽,又很有头脑,士兵们都很喜欢他。

格兰特最大的特点,就是胆子大,不怕死。在他的带领下,北方军队破天荒地打了次大胜仗,接着又攻下了南方的一个堡垒,大大地鼓舞了士气。林肯大喜过望,立刻任命他为北方军总司令。

尽管如此,在李将军的高超指挥下,南方军队还是把北方军队打得落花流水,眼看就要打到华盛顿了。

关键时刻,林肯使出了两记"撒手锏"。

第一记叫作《宅地法》。法案规定:凡是年满21岁的美国公

世界风云

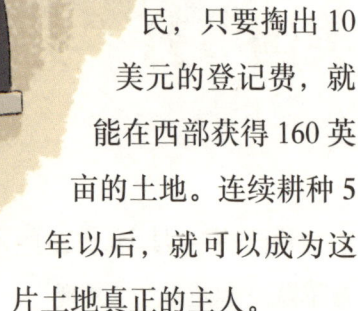

民，只要掏出10美元的登记费，就能在西部获得160英亩的土地。连续耕种5年以后，就可以成为这片土地真正的主人。

第二记叫作《解放宣言》，宣布：假如在1863年1月1日之前，南方叛乱者还不投降，南方的奴隶将从那一天起获得自由。

两个政策一出台，南北各地顿时炸开了锅。北方鸣放礼炮，奔走相告，农民、工人纷纷踊跃参军，南方的黑奴也纷纷逃往北方，南方一下子被掏了个空。

没有人干活，就没有产出，南方的物资供应很快紧张起来。李将军的部队给养不足，士兵们穿得破破烂烂，伙食也很差，最后在一个叫葛底斯堡的小镇，被北方军队打败。

这次战役打得很激烈，据了解，双方死伤、失踪近六万人，有些部队甚至被团灭。之后，李将军虽然还是经常打胜仗，但每一仗都打得十分吃力，手下的兵也越打越少，慢慢地，就打不动了。

1865年4月9日，李将军带着南方军队放下武器，向北方投降。长达四年的美国内战终于画上了句号。以前，美国是由各个州"拼凑"而成，现在，则成了一个完整的国家。

据说，当林肯出现在南方时，成千上万的黑人夹道欢迎他，还有人向他高呼道"我们获得自由了"呢！

自由广场

你的成长史,我的血泪史

某印第安老人

先生们、女士们,求求你们,别来西部搞开发了!这西北大片的土地,是我们印第安人生活的家园,你们来了,我们该去哪呢?我们才是这片土地的主人啊!

哦,你这是说什么话?美国独立以后,可从来没有正式向印第安人宣过战,甚至还特别规定,未经国会同意,不得夺取印第安人的土地。这土地可是你们自己让给我们的!

美国政府某官员

某印第安女人

可实际上呢?我们印第安人一个个地死去,部落一个个地消失!不就是你们在对我们下毒手吗?现在你们倒是发达了,人丁也兴旺了,西部的繁荣,是和着我们的血泪造就的!

当初荒无人烟的西部,如今生机勃勃,人丁兴旺,你们不但不懂得感恩,反而责怪我们?哦,怪不得大家都说,"只有死了的印第安人,才是最好的印第安人",真是忘恩负义的家伙!

美国某淘金人

名人来了

特约嘉宾

亚伯拉罕·林肯
（简称"林"）

越越（简称"越"）

> **嘉宾简介**：美国第16任总统，他领导了美国南北战争，解放了苦难的黑奴，维护了美国的统一，为美国在19世纪跃居世界头号工业强国开辟了道路，被称为"伟大的解放者"。

越：您好啊，林肯先生，见到您可真不容易！（跑过去握手）

林：抱歉，等了很久了吧？

越：可不，我前面排了500号人。想见您，真的要排队吗？

林：嗯，就算是我们的总司令格兰特也不例外。

越：啊——他们应该可以走后门吧？

林：不可以。这是规定。

越：噢，这么多人，您真的都会见一见吗？

林：如果有时间，我会尽量安排。

越：堂堂总统，把宝贵时间用在个人身上，不是太浪费了吗？

林：身为总统，我的职责就是为国民排忧解难。我的时间，包括我的一切，都是属于他们的。

越：包括您的胡子？（偷笑）

林：胡子？啊，对对对，我的胡子也是为他们留的。

越：不留胡子不显得更年轻吗？

林：嗐，我这小脸太瘦了，不留胡子，我怕我这张脸影响我竞选总统啊！

越：选总统也看脸？

林：可不是！有个小女孩给我写信说，如果我留胡子，她就让她的哥哥们给我投票。我一想，也是，女士们都喜欢帅气的男人，要是我变帅气了，她们就会说服身边的丈夫来投我的票了，哈哈！

越：噢，怪不得您现在超越华盛顿，成了美国最受欢迎的总统，原来都是胡子的功劳呀！

林：哈哈哈，小记者真幽默。

名人来了

华盛顿先生是美国的开创者,我怎么比得了呢?

越:您可是让分裂的美国合二为一了啊,功劳也不小呢!请问您这次打了胜仗,心情如何?

林:嗯,本来是应该感到高兴的。但一想到死了那么多同胞,就高兴不起来了。希望我们国家以后再也不要发生内战了!

越:南方的总统和总司令,大家都希望把他们处死,您会怎么处理呢?

林:(正色)这个问题,正是我要向大家说的,请大家记住,他们不是我们的敌人,是同胞。仗打完就完了,大家现在是一样的,都是美国人!尤其是李将军,是个英雄!值得我们所有人尊敬!

越:您可真是宽宏大量啊!——为什么您这么宽厚,有的人却认为您是暴君,想刺杀您呢?

林:日久见人心。我相信,时间会证明一切。我也相信,那些战死将士的鲜血不会白流,有朝一日,美国一定会成为一个和平、自由、民主、人人向往的国家!

越:说得太好了!

林:可是,我昨天晚上做了一个梦,梦见自己已经死了,被放在白宫受人瞻仰。

越:哦,这个梦可不太吉利,您得小心。

林:可能是这段时间,神经绷得太紧了,我得去剧院看看戏,放松放松。

越:看戏?

林:对,小记者,大家都在等我,我就先走了啊。

越:总统先生,现在外面还挺乱的……(林肯已经远去)您要注意安全啊!

(注:1865年,林肯在戏院看戏时,被一个演员枪杀,死时年仅57岁。)

广告贴吧

🚢 欢迎到阿拉斯加旅游

您想和爱斯基摩人一起共进晚餐吗？

你想和家人一起看漫天大雪，欣赏极光吗？

现在，俄国在北美的领土——阿拉斯加已经被我们买下来了，从 1867 年 10 月 18 日起，凡我美国公民，可以随时随地去阿拉斯加旅游啦！

友情提示，大家出游的时候，一定要注意保暖噢！

美国真好玩旅游团

为烈士购买墓地

在葛底斯堡战争中，包括南方，共有 7000 多名战士光荣牺牲。他们是我们美国的英雄，应该得到最尊贵、最庄严的安葬。为此，我们将购买一块 20 英亩左右的土地，作为他们的永久安息之所。愿他们在天之灵，保佑我们取得胜利！

宾夕法尼亚州烈士安置委员会

📫 免费帮助黑奴逃跑

黑人同胞们，你想成为自由人吗？我们组织了一个"地下铁道"，可以悄悄地把你送往北方，帮助你们从奴隶主的魔爪中逃脱出来！有意者，请根据我们提供的暗号联系我们，我们将为你免费提供帮助！

黑奴帮助中心

智者为王 第❷关

1. 1848 年革命是从哪里首先爆发的?
2. "欧洲首相"是指谁?
3. 在德意志邦联里,哪两个邦国最为强大?
4. 拿破仑三世建立的是什么政权?
5. 法国二月革命推翻的是哪个王朝?
6. 意大利统一之前,哪个王国是唯一独立的邦国?
7. 第一个意大利国王是谁?
8. 加富尔说服哪个国家帮助攻打奥地利?
9. 罗马城被收回之后,教皇住在哪里?
10. 意大利三杰是指哪三位?
11. 《汤姆叔叔的小屋》的作者是谁?
12. 得克萨斯州是美国从哪个国家手里购买的?
13. 美国南北战争爆发的时候,南方的总司令是谁?
14. 阿拉斯加是美国哪一年从沙俄手里购买的?
15. 林肯在当总统以前从事的是什么职业?

智者无敌 王者为大

第 7 期

【1853—1869 年】

战争与英雄

穿越必读

奥斯曼帝国衰落后,俄国与英国、法国在克里米亚展开了第一次现代化战争。一批心地高洁的人走上战场,给苦难的人们带去一线希望。为了让国家摆脱战败的耻辱,沙皇力排众议,废除了陈旧的农奴制度,让俄国走上了崭新的资本主义发展道路。

英法联军大败沙俄
——来自希腊的加急快讯

（本报讯）公元1853年，沙俄想到黑海北部航行，再次向奥斯曼帝国（土耳其人建立的帝国）发出战书。

这本来不是什么新鲜事，早在一百多年前，两家就经常为了地盘打得不可开交。仔细算算，这已经是他们第九次大打出手了。

可这个消息传出后，英法两个大国却恼了！

他们认为，奥斯曼帝国横跨欧、亚、非三大洲，虽然现在走了下坡路，但还是一个大地主。如果让沙俄控制了，沙俄的力量就会增加一倍，比其他欧洲国家加在一起还要强大。

所以，他们毫不客气地站到了土耳其这边。双方在黑海附近的克里米亚打了起来（史称克里米亚战争，又叫东方战争、第九次俄土战争）。

战争打了两年多，最后，沙俄被赶出黑海领域，损失惨重。沙皇一看，这一败，又不知道猴年马月才能向欧洲扩张了，一着急，心脏病突发，一命呜呼。

从此，奥斯曼帝国成了列强的"共同保护对象"。

来自希腊的加急快讯

希腊人心目中的英国英雄

克里米亚战争爆发后，很多人大吃一惊。因为20多年前，俄、英、法三国还是一条战线上的朋友，一起帮助希腊获得了独立。

不过，这次我们要介绍的，不是俄、英、法当年的战友情，而是希腊战争中一位特别的人物。

这个人并不是希腊人，却为了希腊人的自由，献出了自己的生命。他，就是著名的英国诗人——乔治·拜伦。

乔治·拜伦出生在伦敦一个没落的贵族家庭，从小跟母亲一起生活。因为天生跛足，拜伦对此十分敏感。为了不输给那些健全的同龄人，他从小就积极参加各种运动，不仅会拳击、击剑，还会游泳和骑马。

但拜伦最喜欢的，还是看书和写诗。有一次，他用两年的时间，游历了葡萄牙、西班牙和希腊等欧洲国家，并把自己的所见所闻，写成一部长诗寄回英国。他早上一醒来，就发现自己一夜成名，成了欧洲文坛的"拿破仑"。

这时，英国的工人们因为工厂使用机器而丢了饭碗，

绝密档案

他们捣毁了很多机器和厂房。拜伦对他们十分同情,在英国议会发表演说,谴责资本家压迫工人,还写诗讽刺政府坐视不管。

英国政府恼羞成怒,对他百般诬蔑。拜伦一气之下,离开英国,再也没有回去。

在瑞士,拜伦结识了一个叫雪莱的诗人。雪莱也是英国人,比拜伦小4岁,也很有才华。他不相信世间有神,人们觉得他是个"疯子",像躲瘟疫一样躲着他,就连父母也和他断绝了来往。

两人同病相怜,一见如故。不幸的是,在一次见面之后,雪莱乘船返回时,不幸遇难,去世时年仅30岁。

1823年,拜伦花光自己所有的钱,买了一艘战舰,参加希腊独立战争。他帮助希腊组建海军,制订作战方案,还以外国人的身份,做了希腊远征军的司令官。

不幸的是,战争还没结束,拜伦因为风寒一病不起,就像他的朋友雪莱一样,流星一般消逝了,去世时年仅36岁。

他死后,整个希腊无比悲痛,为他哀悼了整整3天。希腊人说,无论英国怎么对待拜伦,在希腊人心目中,拜伦将永远是一位英雄。

世界风云

"提灯女神"南丁格尔

在克里米亚战争中，双方军队死亡人数高达40多万人。成千上万的英国士兵，因为生病、受伤，没有人照料，死在了俄国。

有个英国女人知道这个消息后，心想：我要去帮助他们，去减轻他们的痛苦！

这个女人叫南丁格尔，是一位美丽的贵族小姐。她聪明好学，心地善良，从小就喜欢照顾别人，就连家中的狗生病了，她也会细心地给它包扎，完全把它当人一样照料。

当时的医院，肮脏不堪，充当护士的，多半是一些粗俗无知的妇女，地位十分低下。但南丁格尔不顾父母反对，毅然决然地当了一名护士。

就这样，她带着30多名护士，一起出发去了克里米亚。

战地医院的情况十分糟糕，医疗条件简陋不说，伤兵们统统挤在一间大房子里，墙上、地上全是血迹，臭气熏天。医生们也瞧不起女人，嫌她们碍事。

但南丁格尔没有放弃，她制定了病人护理标准，排除各种困扰，为伤员们解决各种各样的困难。一开始，伤兵们因为伤痛和不满，常常对她们大喊大叫。慢慢地，原本又脏又臭的病房，得到了极大的改善，士兵得到了天使般的呵护，也都渐渐平静下来。

每天晚上，南丁格尔都会提着一盏小小的油灯，在营地和战场中来回探视，她和每一位士兵说话，向每一个人微笑，看看他们是不是换过药了，被子是不是盖好了……士兵们对她感激涕零，有的竟然躺在床上，亲吻她落在墙壁上的影子。战士们尊敬地称她为"提灯女神"。

半年后，奇迹出现了！在她们刚刚抵达时，100个伤兵常常会死掉将近一半，半年后只有两三个人死掉。

战争结束后，南丁格尔回到英国，被人们当作英雄一般看待。维多利亚女王亲自召见了她，英国政府奖励给她一大笔钱，善良的人们也源源不断地向她捐款。

但她没有把这些钱花在自己身上，而是用来建了一所学校，专门培养女护士。前来就读的女子，不但免除所有的学杂费用，每年还有一定的助学金。经过专业的训练，她的学生一毕业，就受到欧洲各大医院的热烈欢迎，护士也成了一个受人尊敬的职业。

虽然南丁格尔是一个英国人，但她创办的护士制度，却让全世界的人受了益。在大家心目中，"南丁格尔"这四个字，不只是一个名字，更是希望和爱的象征。

自由广场

是什么拖了沙俄的后腿

军队那么多人,又在我们自己的地盘上,还打了败仗,这脸真是丢到国外去了!要是彼得大帝、叶卡捷琳娜大帝还活着,肯定会被气死!

俄国某贵族

人多有什么用?30万士兵,有一半的新兵蛋子,没经过任何训练就上了战场,全都是去白白送死的!最关键的是,武器不如人家,装备不如人家。别人都用上了轮船、火车和电报,我们用的还是牛车。从枪支、船只,到运输通信,都比别人差了一大截,能不吃败仗吗?

俄国某指挥官

人家西欧各国,15世纪就基本废除了农奴制,发展能不好吗?你再看看我们,全国90%的人都在乖乖地给地主干活,谁来给工厂做事?工厂没人干活,怎么发展经济?

俄国某工厂主

俄国某评论家

依我说,要发展经济,必须先把农奴制给废掉!我就奇了怪了,从1801年到现在,农民暴动已经多达上千次,上面还纹丝不动,难道非要闹革命,流点血,他们才会采取行动吗?

解放农奴，俄国迈向现代化

在克里米亚战败后，俄国朝野上下一片哗然。农奴们接二连三地发动暴乱，国家变得动荡不安，危机四伏。

面对这样一个烂摊子，新沙皇亚历山大（史称亚历山大二世）感到压力巨大。思来想去，他跟官僚们说："既然迟早要解决这个事，与其等农民来推翻我们，不如我们主动去解放他们。"

之后，亚历山大成立了一个特别委员会，商量如何解决地主和农民之间的问题。消息一传出，很多地主都表示反对。结果商量来商量去，商量了好几年，都没得出一个结果。

亚历山大看到这种状况，心急如焚："你们要是再无休止地讨论下去，损失最大的将是整个国家。"

公元1861年3月，亚历山大力排众议，宣布废除农奴制。从此，所有农奴不但能够获得人身自由，还将得到一定数量的土地。

后来，沙皇还在农村建立了地方自治局，用来管理地方事务。该机构的代表通过选举产生，不仅贵族和有钱人可以参加选举，就连农民也有了被选举的资格呢！

通过这次改革，俄国从农奴制社会逐步过渡到资本主义社会。从此，俄国的生产力大大提高，逐渐向现代化社会迈进。

给化学元素排排座

1869年1月,俄国化学家门捷列夫做出了一张化学元素周期表,震惊了全世界。

在这之前,科学家发现了很多化学元素,并不断发现新的元素。但到底还有多少未知的元素?这些元素有没有规律?没有一个化学家能回答这些问题。

门捷列夫是大学里的一名化学教授,负责编写《化学》一书。为了写好这本书,他决定给这些元素排排座。

他找来一些卡片,在每张卡片上写一种元素,像玩纸牌一样,收起、摆开、再收起、再摆开……玩了几天几夜,门捷列夫还是没玩出个名堂,实在太累了,就躺在椅子上呼呼大睡。这一睡,他做了一个梦,梦中竟然出现了一整套元素的周期序列!

门捷列夫醒来后,激动不已,立即根据梦中的场景,绘制出了一张表,也就是"元素周期表"。令人称奇的是,周期表中还留有许多空格,据说是留给那些还没有被发现的元素的。

果然,没多久,又有三种新的元素被化学家们发现了,而且跟元素周期表中预见的元素完全一样!

有人嫉妒门捷列夫,说他的成功不过是靠做梦取得的。门捷列夫听了,严肃地说:"靠做梦?为了解决这个问题,我整整思考了20年!"

奇幻漂流

生命面前，人人平等

编辑老师：

你好。我叫亨利·杜南，是一名瑞士商人。过去这些年，我遇到过很多战争，看见过无数伤兵因为无人照顾而死去。我也曾经自己出钱，组织了一支医疗队伍，去救治这些伤患。

但一个人的力量，终究是有限的。我想，能不能建立这么一个组织——它不属于任何一个国家，在战争发生的时候，只要有伤患出现，它都会及时给予救治，而不用顾及他来自哪个国家。你说，这个想法是不是很天真呢？大家会支持我吗？

亨利·杜南

杜南先生：

您好！当野心家在拼命发动战争，草菅人命时，您想到的，却是如何救助他人，这让我非常感动。

生命面前，人人平等。虽然我们无法阻止战争，但我们可以尽力保住每一个人的生命，最大限度地减轻他们的痛苦。

如果您说的这个组织能够保持中立，不偏向任何一个国家，每一个伤患，无论他是朋友还是敌人，都能得到这个组织无私的救助，又有哪个国家能够拒绝这个天使般的建议呢？

相信我，您会成功的！加油！

编辑 穿穿

（注：1863年，在杜南的建议下，日内瓦成立了伤兵救护国际委员会，即国际红十字会的前身。）

名人来了

特约嘉宾
亚历山大二世
（简称"亚"）

越越
（简称"越"）

嘉宾简介：俄罗斯帝国最博学的一位沙皇。他在危机中上台，以莫大的勇气，在俄国进行了一系列的改革，让俄国的面貌焕然一新，人称俄国的"解放者"。

越：陛下，您好！如今很多人把您和彼得大帝相提并论，说您是俄国的大英雄呢！

亚：真的吗？那朕就算是死了，也没有遗憾了！

越：可——可也有很多人说您是大骗子！

亚：（脸色一沉）为何？

越：还——还不是因为这次改革的事儿。

亚：（大怒）一群不知足的家伙！过去几百年，他们活得连只狗都不如，现在我让他们解放了，自由了，活得像个人样了，他们倒有时间来嚼舌根了？

越：您别激动！照理说吧，大家应该感谢您。可大家的反应为什么这么奇怪呢？您觉得问题出在哪里？

亚：（想了一下）可能是因为土地吧。现在土地还是归地主所有，农民需要的话，必须按规定，从地主手里赎买。

越：为什么不能免费赠送呢？

亚：当然不能。土地的产权甚至农奴本身都是属于农奴主的，要是一下子把农奴和土地都解放了，那帮地主会同意？

越：但是农奴没什么钱啊，怎么买？

亚：没关系，政府可以帮忙付一部分，农民自己付一部分，一年付一点，付个49年就可以付清了。

越：49年？这也太久了吧？那没有付清之前呢？

亚：没有付清之前，农民可以采取服役的方式，继续使用这块土地。

名人来了

越：那不是相当于还是给地主卖命吗？

亚：土地本来就是地主的，你用了人家的东西，不应该付出相应的代价吗？

越：那农奴们给地主们干了几百年的活儿，全是免费，就应该了？——怪不得大家说受骗了！

亚：……大家知足点吧！就这么一小块地，还是我好说歹说，才从地主的牙缝里抠出来的。

越：既然已经废除农奴制了，就废得彻底一点。比如，土地由农民本人赎买，赎金由国家负担，农民肯定支持您。

亚：那怎么行？光皇室的农民就有100万，每个人都这么补贴，国库会被掏空的！

越：啊，我忘了，您是俄国的"头号大地主"，怎么可能改革改到自己头上来！

亚：话不能这么说。这农奴制有几百年历史了，一下子连根拔掉可能吗？现在这样已经很不错了。你看啊，地主们有钱有地，可以开工厂，做实业；农民们有了自由，就算没钱没地，也可以去工厂里做事。这不挺好吗？

越：就怕这样，您会得罪两批人。地主也不满意，农民也不满意。

亚：……实在是这样我也没办法，我能为农民想到的，都已经想到了，能为地主争取的，也都争取过了。希望大家不要再为难我了。

越：不管怎么说，改一点点，也总比不改好。比如大清朝，要是他们也及早改革，就不会被您欺负得那么惨了！

（注：从1858年开始，俄国与大清签订了一系列条约，拿走了中国北方150多万平方公里的土地。）

亚：谢谢理解。我的下一步计划是实现君主立宪，要是俄国的老百姓都像您这么善解人意就好了。

越：嗯，祝陛下好运。

（注：1881年，亚历山大二世被自己的国民刺杀。）

广告贴吧

出售家奴3名

今有家奴3名要出售：一名负责照看猎犬，现年30岁，已婚；一名负责洗衣，现年25岁，会放养家畜；一名为乐手，现年17岁，能吹大笛、唱低音。有意者可至我处洽谈，价格面议。

农奴买卖处

招战地记者

本人准备去克里米亚战场，把最新的战争消息带给大家。现有5台相机，1间暗室，30多箱器材，急需两名助手。如果你懂得摄影，又富有冒险精神，欢迎加入我们的摄影队伍。

英国战地记者团

纪念普希金逝世20周年

20年前的今天，"沙俄诗歌的太阳"——伟大诗人普希金在一次决斗中受伤，永远离开了我们。普希金创立了俄国文学语言，确立了俄国语言规范。在他身上，我们看到俄国的大自然、俄国的灵魂、俄国的语言、俄国的性格是那样纯洁，那样美。我们将永远怀念他。

普希金诗迷粉丝团
于1857年2月10日

成立气象观测站

在克里米亚战争中，英法联军因为不了解天气情报，在黑海登陆时，突然遭遇一场风暴，几乎全军覆没。为避免重蹈覆辙，现根据巴黎天文台台长的建议，决定组建一个正规的气象站，用来观测气象、预报天气。

法国科学院

第 8 期
〖1837—1877 年〗
辉煌的维多利亚时代

穿越必读

伟大的工业革命之后，在女王维多利亚的领导下，英国的经济、军力、科技、文化迅猛发展，成为人类有史以来最强大、最富有的帝国，人们称这一时期为"维多利亚时代"——这也是迄今为止，最让英国人神往和怀念的时代。

顺风快讯

小女孩当国王
——来自英国伦敦的加急快讯

（本报讯）公元1837年6月20日，在人们的热切注视下，一个年轻女孩登上了英国国王的宝座。

这个女孩叫维多利亚，是上任英王的侄女，今年才刚满18岁。她的父亲很早就去世了，母亲对她要求很严格。小小年纪的她，几乎天天要学习历史、地理、算术，以及拉丁语，还经常被安排到各地巡视。

要知道，很多女孩到了18岁，喜欢的都是穿衣打扮、参加舞会这种事儿，对于国家大事一窍不通。很多人都担心，让一个这么年轻的女孩来管理一个帝国，会不会太轻率了？

然而，年轻的维多利亚一上来，就展现出了非凡的气度，不仅一个人出现在登基典礼上，在接见比她大四五十岁的大臣时，也毫不怯场。那份镇定和威严，看起来一点也不像个18岁的小姑娘，倒像个久经沙场的大将军。

这下，大家都放心了。大家都说，有这么一位有主见、有胆量的国王，大英帝国一定会更上一层楼，迎来更美好的明天！

来自英国伦敦的加急快讯

世界风云

女王宣布与中国作战

公元 1840 年，中国的清政府突然宣布，以后将永远不和英国人做生意！消息一出，英国上下一片哗然——中国和英国修好多年，为何放出这种狠话呢？事情还得从英国说起。

英国经过工业革命后，变成了世界工厂。

当别人还在靠双手辛苦挣钱的时候，英国人已经用先进的机器，生产出各种各样的货物，卖到世界各地。很多国家的钱，像流水一般，哗哗地流进了英国人的口袋。

只有中国例外。英国人不但没从中国人身上赚到一毛钱，还让中国人狠狠地赚了一笔。因为英国人很喜欢中国的丝绸、茶叶和瓷器，中国人却瞧不上英国生产的羊毛、呢绒这些东西。

世界风云

怎么办？

于是狡猾的英国人想了个办法，在印度大量种植罂粟，做成一种叫鸦片的东西，卖给中国。这可真是个恶毒的主意啊！因为鸦片是一种对人体有害，吸了又会上瘾的毒品。

果然，中国人吸食鸦片之后，不论是王公贵族，还是大小财主，都上了瘾。就这样，白花花的银子又哗哗地流回了英国。

聪明的中国人很快发现了这点，开始查禁鸦片，并下令永远不再和英国做生意。鸦片贩子在中国混不下去，便跑回英国，唆使女王出兵。

女王于是跑到国会上发表了一番演讲，说："现在不是鸦片的问题，也不是做生意的问题，更不是英国尊严的问题，而是，如果其他国家都像中国这样，英国也就不存在了！"

在女王的鼓动下，英国议会决定向中国展开军事报复。

1840年6月，英国军队带着世界上最强大的舰队，最猛烈的炮弹，向中国发动了第一次鸦片战争，最终打败中国，把靠近南方的一个好港口——香港抢去了。

除了中国的香港，英国还抢到了很多地方。比如亚洲的缅甸、新加坡，大洋洲的澳大利亚、新西兰，还有非洲的埃及、南非，等等。这些地方都成了英国的殖民地。

有了这些殖民地，英国从一个小小的岛屿国家，摇身一变，成了世界上1/4土地的主人。也就是说，全世界有极大量的人得听英国人的话。英国人骄傲地说，他们才是真正的"日不落帝国"，因为只要太阳照到的地方，都有大英帝国的土地。

嘻哈乐园

世界风云

人是从猴子变来的

你知道,人是怎么来的吗?东方人说,人是女娲造出来的;西方人说,人是上帝创造出来的。

不过,最近(指公元1859年),有人出版了一本叫《物种起源》的书,说——人是从猴子进化来的!

天啊,我们人类会劳动,会思考,猴子怎么能和我们相提并论呢?是什么人,敢提出这样的观点?胆子也太大了!

据了解,这个大胆的作者是一个英国人,叫达尔文。

达尔文出身于名医世家,父亲是个医生,他希望儿子以后也能当一名医生。但达尔文从小就喜欢大自然,最喜欢的是搜集动植物标本,长大以后,他也一心一意搞生物研究。

大学毕业后,达尔文说服父亲,允许他坐船到世界各地去做科学考察。这艘船穿过大西洋、太平洋、印度洋,旅途十分艰辛,但达尔文从来没退缩过。每次考察归来后,无论身体多累,他都会坚持为当天的考察做记录。

有一次,他发现,在太平洋的一些小岛上,同样的雀鸟,鸟嘴的大小和形状却不一样。比如,吃昆虫的,嘴比较窄小;吃树芽的,嘴非常粗大,能把树芽拔出来;吃核桃的,嘴又尖又长,正好能撬开核桃;吃松果的,嘴又宽又扁,正好能压碎松果。为什么会这么巧呢?达尔文觉得很奇怪。他开始耐心地收集资料和证据,访问农夫,饲养鸽子……

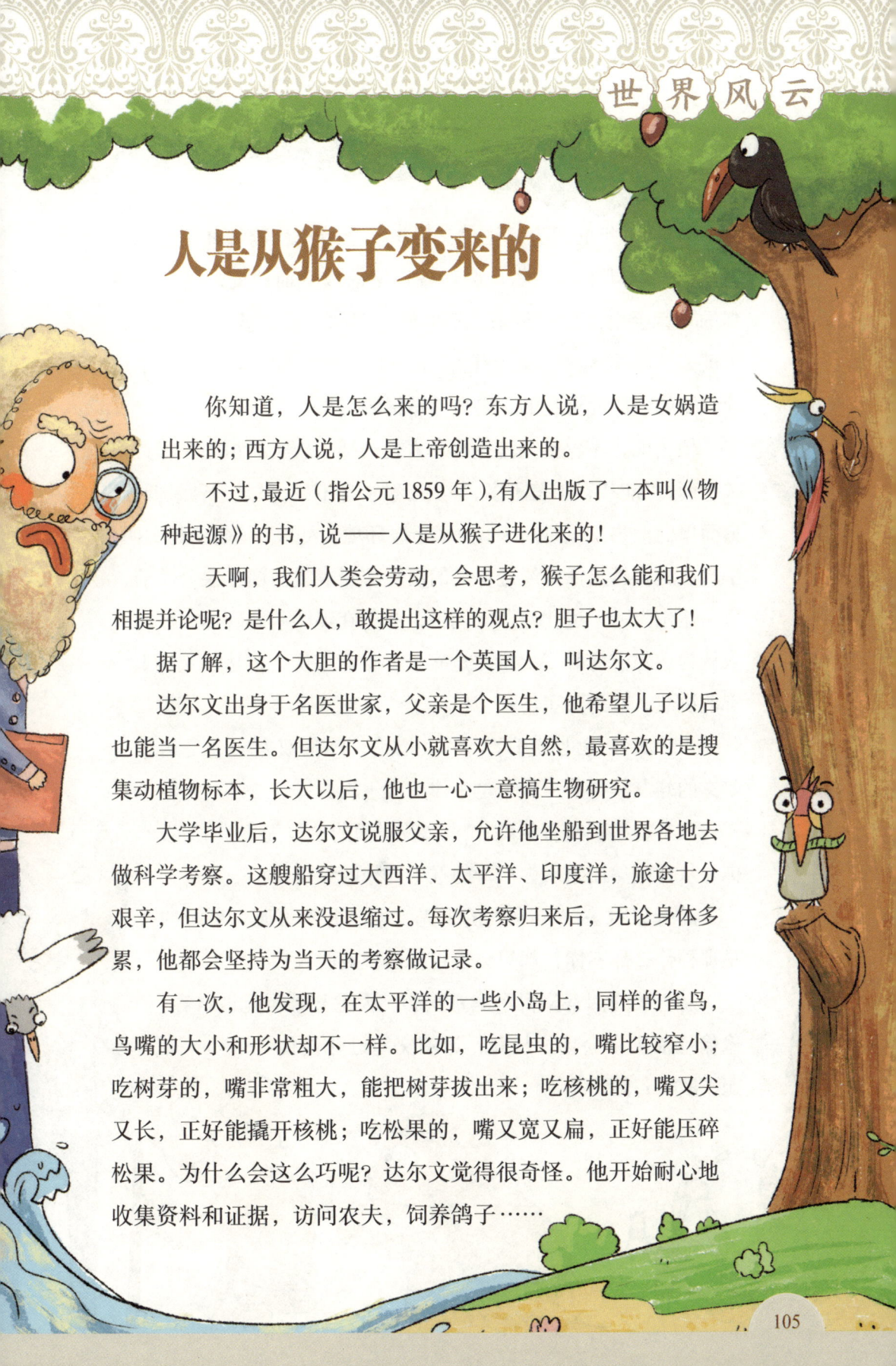

世界风云

经过20年的研究，达尔文得出一个结论：物种并不是永恒不变的。地球上的生物，会随着环境的改变而改变。适应能力强的，就会继续生存下来；适应能力弱的，就会被大自然淘汰，也就是"物竞天择，适者生存"。所以，鸟嘴的不同，是为了适应食物的不同而进化的，是自然选择的结果。

他还说，不仅雀鸟是这样，人也一样。人类的祖先在很久很久以前，可能和猴子差不多，甚至连猴子都不如，只是一种最低等、最简单的动物。只是后来，为了适应环境，人的头脑越变越聪明，手脚也越来越灵活，经过长久的演化才变成我们现在这个样子。

达尔文的"进化论"一问世，立刻在英国引起轩然大波。有人认为达尔文侮辱了上帝，是疯子；也有人认为，达尔文连上帝都敢挑战，真是太了不起了！

牛津大学为此展开了一场大辩论。辩论双方一个是达尔文的好友赫胥黎，一个是牛津的大主教。

大主教指着赫胥黎说："坐在我对面的这位先生，请问，你是从你祖父还是从你祖母的猴中变来的？"

赫胥黎回答："一个人的祖先是猴子并不可耻，可耻的是那种什么都不懂，却只会使用自己权威的人！"

赫胥黎的回答赢得了满堂喝彩。大主教羞得无地自容，偷偷地溜出了会场。从此，达尔文的进化论传遍了欧美各国。

"非洲之父"利文斯敦

1873年,"非洲之父"利文斯敦不幸染上痢疾,离我们而去。

利文斯敦是英国有名的传教士,也是一位著名的探险家。他出生在工人之家,10岁就开始在工厂做工,每天要工作10个小时,但只要一有空,他就拿出书本刻苦学习。因为他想当一个传教士,去中国传教。

长大后,利文斯敦不仅当上了传教士,还成了一名医生。可这时候,中英两国正在进行鸦片战争,去不成,利文斯敦只好去了非洲。

长久以来,人们对非洲的了解非常少,只知道那里的沙漠很大,天气很热,那里的人很蒙昧。另外,还有很多来自动物的攻击,一不小心,就有可能落入蟒蛇的腹中,或者被什么小东西叮一下,一命呜呼。所以,很多人把非洲称为"黑暗大陆",不愿意去,除了黑奴贩子。

但利文斯敦一点也不害怕。他来到非洲之后,一面学习当地的语言,一面给人们传教、看病。遇到黑奴贩子,他就上前与他们谈判,把黑奴拯救出来,还写信给欧洲各国,呼吁大家不要再贩卖黑奴。很多非洲人对他感激涕零。

除了传教、治病,利文斯敦还经常去一些偏僻、危险的地方探险。1855年,利文斯敦

世界风云

在非洲南部发现了一个巨大的瀑布。汹涌的水流,顺着悬崖峭壁一泻千里,发出雷鸣般的巨响,溅起的水花化作漫天云雾,远远望去,如同人间仙境一般。

这是多么壮观的景色啊!为了表达对女王的敬仰之情,利文斯敦把它称为"维多利亚瀑布"。

这个发现,轰动了整个英国。由他写的两本非洲探险记,刚一出版,就被抢购一空。就连维多利亚女王也亲自召见了他,对他进行了嘉奖。

然而过了不久,利文斯敦再次返回非洲。他认为,比起发现非洲所有河流的源头,阻止黑奴买卖是一件更伟大的事。

由于他总是为黑人说话,黑奴贩子不喜欢他,不肯帮他传话。有3年时间,人们都没有他的消息,以为他死了。当人们找到他的时候,他已经身染重病。

他死后,他的非洲仆人将他的心脏埋在一棵树下,背着他的尸体走了1000多公里,才走到海边。英国人将他的遗体运回国后,把他和牛顿葬在了一起。

利文斯敦前后在非洲待了30多年,行走了数万里,为禁止黑奴贸易做出了巨大的贡献,但他从未对任何人发射过一颗子弹,人们尊敬地称他为"非洲之父"。

英国为什么不统一欧洲

编辑老师：

您好。我是一名英国人。说实话，我很为生活在英国这个时代感到自豪。我们有良好的公共卫生，还有下水道、自来水。我们的孩子可以免费上学念书。在繁忙的工作之后，我们可以喝喝茶，听听音乐，看看报纸，享受美好的下午时光。精力充沛的人，还可以参加赛马、拳击、划船这一类体育运动。我们还有世界上最长的铁路，不论是搭火车还是汽车，都非常方便。

可以说，现在的英国人过着地球人都很羡慕的生活，走到哪里都受人尊重。既然英国这么强大，为什么不统一欧洲呢？

来自英国伦敦的达西先生

达西先生：

您好！您提的这个问题很有意思。现在的英国这么强大，为什么不统一欧洲呢？

这么说吧，当年拿破仑的梦想也是统一欧洲，结果事业未成，自己被流放到一个小岛上。而你们跟法国打了100多年，却连法国也打不赢。

而像法国这样的国家，欧洲还有很多。比如西班牙，一离开欧洲，就横扫美洲。比如波兰，曾经同时打败过俄国人、德国人和蒙古人。就连小国匈牙利，也能击败土耳其。正因为大家一个比一个强，所以谁也统一不了欧洲。

我倒觉得，你们现在最应该关注的，不是整个欧洲，而是美国和德意志。或许有一天，他们才是大英帝国最大的威胁呢！

编辑 穿穿

自由广场

是天使还是魔鬼

中国大清
王秀才

维多利亚这个女人实在是太可怕了!她自己不抽鸦片,讨厌鸦片,却为了赚钱,接连对我们大清发起两次战争,还任由英法联军放火烧掉了我们的圆明园,可恶至极!

这个女人简直就是魔鬼!当年爱尔兰闹大饥荒的时候,奥斯曼帝国给我们灾民捐了10000英镑,还送了不少粮食。她不帮忙就算了,还百般阻拦,不让别人捐助!有机会,我一定要杀了她!

爱尔兰
某刺客

英国东印度
公司某商人

我们东印度公司给大英帝国赚了那么多钱,立了那么多功。印度人一造反,女王就怕得要死,把我们一脚踢开。她也不想想,大英帝国能有今天,是谁带来的!忘恩负义!(注:1858年,英国消灭莫卧儿王朝,取缔东印度公司,开始直接统治印度。)

现在,俄国是我们的谷仓,加拿大是我们的森林,澳大利亚是我们的牧场,秘鲁是我们的银矿,南非是我们的金矿,中国是我们的茶园……还有比这更辉煌、更伟大的时代吗?噢,美丽的女王是上帝派给我们的天使,女王万岁!

英国某经济家

名人来了

特约嘉宾

维多利亚女王
（简称"维"）

越越
（简称"越"）

> **嘉宾简介**：她18岁登基，是第一个获得皇帝称号的英国女王，也是21世纪以前英国在位时间最长的国王。在她的领导下，英国成为了世界上最繁荣、最富强的国家。而她，也因此创造了一个以自己名字命名的伟大时代——维多利亚时代。

越：女王陛下，现在您的芳名可是享誉全球啊！

维：怎么说呢？

越：您听听，维多利亚港、维多利亚岛、维多利亚河、维多利亚沙漠、维多利亚瀑布、维多利亚山、维多利亚州……哇哦，谁要是这些地方打卡个遍，那可真是牛人。

维：嗯，感谢大家看得起我。

越：冒昧问一句，您这算不算搞个人崇拜呢？议会允许吗？

维：不能这么说。这既是我个人的荣耀，更是大英帝国的荣耀！

越：我觉得您的登基之路太顺了，从王位继承人，到登基之前，都没出什么乱子。这要在我们中国，大家早就争得你死我活了。

维：这就是君主立宪的好处。前任国王在我成年之后才去世，我是法律定好的继承人，不需要大家为我流一滴血。

越：嗯，比世袭强多了。

维：不过，坐上王位，并不代表就可以胡作非为。为了这个王位，我也放弃了很多。

越：我听说当年您对俄国的皇储一见钟情，但是英国人不同意，您就放弃了。

维：这是应该的。在国家面前，个人感情不算什么。幸运的是，后来我遇到了我的真命天子，我的表兄阿尔伯特。事实证明，他才是最适合我的丈夫，我们的感情一直都很好。可惜他早早地去世了，真希望可以和他一起去了……

名人来了

越：（轻轻抹泪）别啊，陛下，您不是还有9个孩子吗？这些孩子不是嫁给了欧洲的国王、王子，就是娶了公主，您可是名副其实的"欧洲老祖母"呢！

维：（停止哭泣）您说得对，我还有孩子，还有大英子民，所以，绝对不能倒下。

越：对对对，您要是长寿一点，就可以看到世界大战了。那可都是您的亲戚挑起来的战争呢！

维：世界大战？什么意思？

越：（连连摆手）哦，没什么，没什么。（赶紧转移话题）女王陛下，您今天这一身穿得还真节俭，一点也看不出您是一国之尊。

维：女人不停地换衣服，不仅是挥霍浪费，也是品行不端的表现。

越：可您王冠上的珠宝一点儿也不便宜呢！

维：（尴尬）哦，毕竟我是个国王，代表大英帝国，不能太寒碜了。

越：原来如此。我现在好像明白英国人爱戴您的原因了。

维：（微笑）什么原因？

越：您不仅忠于自己的丈夫，对子女要求严格；而且忠于自己的国家，自己的子民，可以说是英国人的一代楷模。

维：身为一个女王，这是我应该做的。

越：可是，您为什么不对别的国家的人好一点呢？比如祖鲁人，爱尔兰人，印度人，比如，中国人。

维：别的国家怎么样，我不关心。我关心的是大英的子民，大英的利益。达尔文先生不是说过吗，"物竞天择，适者生存"。这个世界，就是"优胜劣汰"的世界，适应能力强的会活得更好，适应能力弱的就该被淘汰。

越：达尔文是这个意思吗？

维：不然呢？——好了，说了这么多，我还真有些累，有没有兴趣喝杯下午茶再走？

越：好嘞，多谢陛下恩典。

广告贴吧

🚢 万国博览会即将召开

　　第一届世界博览会即将在英国召开。这是有史以来,全世界人民第一次为了同一个目的而欢聚在一起的盛会!

　　本届博览会将展出14000件新奇展品。小到火柴、钢笔、刚刚问世不久的邮票,大到蒸汽机、自动纺织机、水压机、起重机这种庞然大物,还有收割机、除草机、排水管、化肥、珍珠、翡翠和钻石……

　　总之,只有你想不到的,没有你见不到的。欢迎世界各地的人们前来参加。

　　大会展览时间:1851年5月1日起,约23个星期

　　大会地址:英国伦敦公园水晶宫

第一届世界博览会组委会

📮 女王加冕为印度女皇

　　自1877年1月1日起,欧洲将在继德皇、沙皇之后,再添一皇。我们伟大的维多利亚女王将戴上印度的皇冠。从今以后,印度是属于英国的领土,任何人都不得再打着皇帝的名义,来印度称王称霸。

英国议会

🐑 高价求购门票

　　本人是英国著名作家狄更斯的粉丝,他写的传世名作《大卫·科波菲尔》《雾都孤儿》《双城记》我都已经看过。听说他最近要来美国演讲和访问,如果哪位有他的演讲门票,本人愿出高价购买,非常感谢!

狄更斯的美国粉丝约翰

第 9 期
【1861—1871 年】
铁血宰相和德意志统一

穿越必读

在铁血宰相俾斯麦的带领下，普鲁士王国通过三次战争，统一了德意志，建立了以普鲁士王国为首的德意志帝国，完成了德意志国家的统一大业。

顺风快讯

只有铁和血，才能救德意志
——来自普鲁士的加急快讯

（本报讯）1861年1月，普鲁士的老国王因病去世，他的弟弟威廉亲王正式继位（史称威廉一世）。

国王很想进行一次军事改革，用武力把四分五裂的德意志统一起来。可议员们开了一次又一次会议，最后的答案总是"不行"。

国王进退两难，听说外交大使俾斯麦很有办法，就把他召了回来，做了首相。

别看俾斯麦长得貌不惊人，一上任，他就对议员们丢出一句惊人的狠话："说空话和讨论是没有用的！德意志的未来，必须用铁（指武器）和血（指战争）来解决！"

此言一出，举国哗然。议员们议论纷纷，说俾斯麦是个战争狂，要求把他的职务撤掉。

但俾斯麦一点也不害怕，他说："国王才是我的主子！你们和我一样，都是国王的奴仆！"然后干脆宣布休会，一脚把议会踢开了！

来自普鲁士的加急快讯

自由广场

谁能统一德意志

奥地利某贵族

自从神圣罗马帝国灭亡之后,我们日耳曼民族就如同一盘散沙,整个欧洲都在看我们的笑话!虽然建立了什么德意志邦联,也只是做做样子,实际上还是各干各的。如果想统一成一个国家,难度还有点大啊!

巴伐利亚某小贩

但邦联能建立起来,说明大家都知道分裂对国家不好,为了大家的共同利益,德意志必须统一。问题是,由谁来统一好呢?

奥地利某军官

这还用说,当然要靠我们奥地利啦。我们奥地利实力雄厚,民族众多,这些年来,一直是德意志的老大,很多邦国都希望由我们来统一德意志。除了我们,谁还能有这个本事建立一个"大德意志国家"?

普鲁士某军官

就是因为奥地利太复杂,我们才不想和你们在一起!我们希望建立的是一个只有我们日耳曼人的国家!一个只愿意说德语的国家!宁可要一个"小德意志国家",也要把你们奥地利踢出去!

普鲁士大败奥地利

普鲁士要统一德国，第一件事是必须把奥地利踢开。

恰好这时，北边的丹麦侵占了德意志的两块地盘。俾斯麦眼珠子一转，想出一个好主意。

他先是让普鲁士与奥地利一起联手，打败丹麦，然后将夺回来的两块地盘，一家一块，瓜分了。而分给奥地利的那块土地，离奥地利很远，却被普鲁士包围了。这样一来，双方就很容易吵成一团。

奥地利觉得管理不方便，希望把这块土地换成普鲁士的西里西亚。可西里西亚是普鲁士最富庶的一个工业区，怎么可能让给奥地利呢？

俾斯麦指责奥地利无理取闹，奥地利觉得很没面子，纠缠个没完，两国关系越闹越僵。

1866年6月，普鲁士和奥地利展开了一场激战。

一开始，人们并不看好普鲁士。因为奥地利军队训练有素，战斗力强，是欧洲最优秀的军队之一。包括俾斯麦本人也没有十足的把握，甚至还随身携带了一包毒药，决定一旦失败，就服毒自杀。

结果，普鲁士军队只用了七周时间，就打败奥地利，统一了德意志的大部分地区。维系了50多年的德意志邦联就此解散。第二年，普鲁士联合北方20多个邦国，成立了一个以普鲁士为首的"北德意志邦联"。

世界风云

智激法国，捉来皇帝当俘虏

普奥战争结束后，俾斯麦发现，德意志南边有几块地方，只听法国的话，就想从法国手里抢过来。

但是，俾斯麦又不想先动手，因为那样，大家就会同情法国，不会站在普鲁士这一边了。欧洲各国也不希望欧洲出现一个强大的德国，反对德国统一。

机会很快就来了。1868年，西班牙发生了一场政变，想邀请普鲁士的一个贵族去当国王。

这本来跟法国没关系。可拿破仑三世不希望普鲁士和西班牙联合，便向威廉一世提出抗议。威廉一世答应了。但拿破仑三世得寸进尺，要求威廉一世写一份书面保证书。

这就有点过分了！威廉一世很不高兴，但他出于礼节，还是回了封电报，说："如果法国人再无理取闹，普鲁士国王就此事不再接见法国大使。"

谁知，这份电报落到了俾斯麦手上。俾斯麦眼珠子一转，将电报改动了几个字，变成了

世界风云

"普鲁士国王以后拒绝接见法国大使",火药味十足。

果然,拿破仑三世收到这封电报后,气得跳脚,立刻向普鲁士宣战。不过很快,他就意识到,自己犯了一个大错——

事先没做好准备,法国的军队乱得一塌糊涂,不是士兵找不到长官,就是枪炮里没有子弹,马没有备好鞍,甚至还闹出了一个笑话:一辆列车把士兵送到了一座车站,可车站早已被普鲁士军队占领了。士兵们一下车,全部成了普鲁士的俘虏。

而普军呢,刚刚把丹麦和奥地利打败,经验丰富,装备精良,士气也正旺。几场大战下来,就把法国打得落花流水。

最后,拿破仑三世带着8万法军,向普鲁士投了降。法国不仅割让了大片土地,还被迫交纳了巨额赔款。

1871年1月18日,威廉一世在法国的凡尔赛宫举行加冕仪式,一个新生的统一的德意志帝国(即德国)就这样诞生了!

奇幻漂流

"巴黎公社"会成功吗

编辑老师：

　　您好！自从那个不争气的皇帝投降后，我们就发起革命，推翻了第二帝国，成立了一个临时政府。但这个政府更糟糕，一面高喊着"决不让出一片土地""永不投降"的口号，一面却偷偷地给德国割地、赔款！甚至还偷我们的大炮去巴结德国人，无耻之极！您说，这样的政府能指望他们保护法国，保护我们吗？

　　现在，我们这些穷光蛋（指无产阶级）决定使用武力，成立我们自己的"巴黎公社"，自己当家作主！这也是之前从未有过的尝试，我心里有点忐忑，您说，我们会成功吗？

国民自卫军领导人　瓦尔兰

尊敬的瓦尔兰先生：

　　收到来信时，正好是1871年3月18日。首先，恭喜你们在这一天成功地成立了"巴黎公社"！这是巴黎有史以来，第一次成为人民的天下，是一次伟大的胜利！

　　我佩服你们的勇气，也由衷地希望你们的理想能够成真。但是目前，公社有两个很大的问题：一是缺乏一个有效而统一的军事指挥中心，二是还没有将农民也团结起来。如果要保住胜利的果实，一定要先把这两点做好。

　　据我所知，临时政府已经向德国发出秘密求援。之后将会有10万名法国俘虏被放回来，镇压你们。赶紧做好战争的准备吧！

编辑　穿穿

（注：1871年5月，巴黎公社被镇压，仅仅存在了72天。）

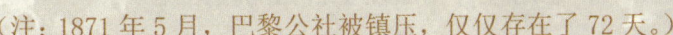

"世界公民"马克思写出《资本论》

大家还记得马克思吗？对，就是那个写出《共产党宣言》的人。他因为写了很多文章批评政府，被祖国普鲁士列入了黑名单。各国政府也不喜欢他，他走到哪都被人赶。

但马克思毫不介意，他说自己是一名世界公民，走到哪里，就在哪里工作。最后，他来到英国伦敦定居。

马克思很同情工人们的遭遇，希望能够写一本书，帮助他们。为了写这本书，马克思天天去英国博物馆看书，查资料，写作，二十年如一日。因为不能出去赚钱，马克思一家常常入不敷出。幸好他的好朋友恩格斯是个富二代，与他志同道合，常常接济他。

1867年，马克思出版了一本叫《资本论》的巨著。

以前，很多人不理解，为什么发明机器后，工人们的工作反而变得更辛苦了呢？马克思告诉大家，机器的发明，并不是让工人更轻松，也不是为了科学创新，而是让资本家最大限度地开发劳动力，获取利润。

他还认为，以后资本家会越来越富有，穷人会越来越贫穷。全世界的工人只有联合起来，一起打倒资本家，然后把所有的机器、钱财、土地全部交出来，由国家统一管理，平均分配。这样，才不会再有穷人和富人。

怎么样？是不是觉得这种想法很新鲜呢？不过，还真的有不少人，想用这种方法改变自己的国家呢！

智慧森林

雨果写信痛斥英法联军

英法联军远征中国后,把有"万园之园"之称的圆明园,烧成了一片废墟。消息传来,法国著名作家维克多·雨果写了一封信,将英法军队骂了个狗血淋头。

信的大意是这样的:

在世界的某个角落,有一个世界奇迹。这个奇迹叫圆明园。那是一座用言语无法形容的,恍若月宫的建筑,是一个用大理石,用玉石,用青铜,用瓷器建造的梦。

这座大得就像一座城市的建筑物,是世世代代的结晶,是为了各国人民而建的。岁月创造的一切都是属于人民的。

人们常说:希腊有巴特农神庙,埃及有金字塔,罗马有斗兽场,

智慧森林

巴黎有圣母院,而中国有圆明园。很多人都见过它,即使没有见过,也一定梦见过它。

然而现在,这个奇迹已经消失了。

两个强盗闯进了圆明园,一个抢劫,一个放火,然后手挽手,笑嘻嘻地回到欧洲。这两个强盗,一个叫法兰西,另一个叫英吉利。对此,我要向它们提出抗议。

最后,他还说:"我希望有朝一日,法兰西要摆脱自己的罪恶,把这些财富还给中国。"

维克多·雨果号称"法国的莎士比亚",创作了《巴黎圣母院》《悲惨世界》等经典著作。虽然他从未去过中国,但他的正义之言,却为受伤痛的中国人,带去了许多的安慰。

名人来了

特约嘉宾
俾斯麦
（简称"俾"）

越越
（简称"越"）

> 嘉宾简介：德意志帝国第一任宰相，人称"铁血宰相"。凭借灵活泼辣的手腕，大胆敢为的气魄，以及不达目的誓不罢休的勇气，为德国统一的伟大事业做出了不可磨灭的贡献。

越：首相大人，听说您会很多种语言，比如英语、法语、俄语、波兰语、荷兰语……

俾：身为一个外交大使，这是必须的！

越：我很好奇，您是如何学会这么多语言的，有什么窍门吗？

俾：窍门只有一个，那就是少交朋友多看书！

越：哈哈，不会是朋友都被您打跑了吧？

俾：哪有的事？

越：哈，我听说您跟同学决斗了27次，"打架大王"啊！

俾：哈哈，这你也知道？那是我读大学时，年少轻狂不懂事呀。

越：我还知道，您那时总是腰间别着把佩剑，牵着个大狼狗，到处晃悠呢！这气势，谁敢和您交朋友。

俾：有一说一，我这个人确实好斗了点。但好斗也不是坏事吧？尤其是国家统一的问题，光靠嘴巴，永远解决不了！只有铁和血，才能让那些叽叽喳喳的议员闭嘴！

越：那万一没有成功，您不怕掉脑袋吗？说不定陛下的脑袋也会掉！

俾：人迟早是要死的！与其窝窝囊囊地死在绞刑架上，不如痛痛快快打一场，死在战场上！

越：噢，连死都想好了，不愧是铁血宰相！

俾：那当然。我已经给自己备好了毒药，万一在战场上打不过，我就自杀！有尊严地死！

名人来了

越：好啦，现在你们不是赢了吗？只用7年时间，就完成了德意志梦想百年的统一大业。这一切，可都是您的功劳啊！

俾：噢，不不不，这一切都是陛下英明神武，没有他，就没有我俾斯麦，也就没有现在的德意志帝国。

越：咦，我还以为像您这样独断专行的人，会嫌皇帝碍事呢！

俾：怎么会？倒是陛下找了我这么个首相，可能会觉得憋屈。

越：为什么呢？

俾：因为我这个人脾气大，要么不做，要做就做到底。但陛下考虑问题时，总有点妇人之仁……

越：什么，您把皇帝比作妇女？

俾：我的意思是，陛下比我仁慈，有什么事，一般都是他听我的。

越：那这皇帝当得挺窝囊的啊！

俾：错，我们陛下绝不窝囊。他年轻时，是普鲁士最勇敢的士兵，杀起人来，眼睛都不眨一下的！

越：那我怎么听说，你们两个老头子经常吵架，吵到最后，总是您摔门而去，陛下只能砸自己的东西出气呢？

俾：这就是陛下的伟大之处。不管他心里有多委屈，有多少怨言，他都没有忘记我们共同的目标，始终如一地相信我，支持我。我很庆幸，我碰到了一个好上级。我，俾斯麦，将永远是陛下最忠实的仆人！

越：有您这样的贤臣，相信德国的未来会越来越好。

俾：这是肯定的，德意志一定会成为世界强国！走着瞧！

广告贴吧

写在《悲惨世界》扉页上的话

只要本世纪的三个问题——贫困使男子潦倒,饥饿使女人堕落,黑暗使儿童羸弱——还没有解决,那么这本书就是有用的。

维克多·雨果

奥地利帝国改为奥匈帝国

为稳定帝国统治,应匈牙利民族的要求,现(指1867年)将奥地利帝国改为奥匈帝国,允许匈牙利王国享有很大的内政自主权,但对外事务仍由帝国中央政府统一处理,匈牙利国王也由奥地利皇帝兼任。

奥匈帝国

《资本论》第一卷出版

资本是什么?是钱,是机器,还是美貌?资本从哪里来?去往何处?

历尽数十年的艰辛,今天(1867年9月14日),《资本论》(第一卷)终于成功问世。作者马克思为德国当代著名的哲学家、政治家,该书首次提出了剩余价值理论这一人类历史上伟大的发现,它将给你理想和信念的巨大力量,让你产生无穷的动力。

德国汉堡出版商

智者为王

智者为王 第❸关

1. 第一次现代化战争是指哪一次战争？
2. 英国诗坛双星是指哪两位诗人？
3. 是谁发现了元素周期律，绘出了元素周期表？
4. 创建国际红十字会的亨利·杜南是哪国人？
5. 谁是世界上第一个真正的女护士？
6. "非洲之父"是指谁？
7. 第一届世界博览会是哪一年在哪里召开的？
8. 达尔文的"进化论"是在哪本书里提出来的？
9. 《雾都孤儿》《双城记》是谁的作品？
10. 维多利亚的皇帝称号来自哪里？
11. "铁血"政策中的"铁血"是什么意思？
12. 谁被称为"法国的莎士比亚"？
13. 普鲁士先后打败哪三个国家，统一了德意志？
14. 在普法战争中，被俘虏的皇帝是谁？
15. 奥地利被踢出德意志邦联后，和哪个国家合成了一个国家？

智者无敌　王者为大

第10期
【1853—1889 年】
日本明治维新

穿越必读

美国人的入侵，打开了日本的国门，也间接导致了日本最后一个幕府——德川幕府的倒台。经过明治维新之后，日本成功地化茧为蝶，从一个封闭落后的东瀛岛国，变成了一个开放和充满朝气的帝国。

顺风快讯

美国舰队打开日本国门
——来自日本江户的秘密快讯

（本报讯）1853 年 7 月 8 日晚上，日本江户（今东京）的海边，突然闯入四只巨大的"钢铁怪兽"，浑身漆黑不说，还不断吐着烟雾。日本人没见过这种"怪兽"，吓得拔腿就跑。

其实，那根本不是什么怪兽，而是来自美国的四艘军舰！

所谓"来者不善，善者不来"，据了解，美国这次把军舰开到日本的海上来，是要求日本打开国门。

可是这两百多年来，日本已经习惯关起门来过日子，哪里肯答应。武士们立刻穿上盔甲，骑上战马，拿上佩刀，要去跟他们拼命。

只是，刀还没拔出来呢，只听"轰隆"一声巨响，海里的水被炸得老高，武士们的小船被淹了，马儿也受了惊吓，转身就跑。惊天动地的大炮声，把日本人吓得丢了三魂七魄。

既然打不过，那就不打了。第二年，日本幕府和美国在神奈川签订了日本和西方的第一个不平等条约——《日美亲善条约》。日本关了两百多年的国门，就这样被打开了。

来自日本江户的秘密快讯

嘻哈乐园

自由广场

开国还是攘夷

日本某大名：幕府这帮人可真狡猾！这200多年来，他们什么都不让天皇干，现在看大家都反对和洋人签约，就把天皇搬出来替他们背锅，其实最后还不是他们说了算？

日本某下层武士：这日本本来就是天皇陛下的，幕府有什么权力这么干？！天皇被幕府这座"五指山"压了600多年，是时候出来露个面了！咱们就趁这个机会，让幕府把大权还给天皇，把那些"黄毛怪"赶出去！

日本某藩主：把所有的外国人都赶出日本，这可能吗？现在摆在我们面前的，只有两条路，一条是开国，一条是被开国。与其像大清那样，不如主动打开国门，和平渡过这段时期。

日本某武士：吉田松阴老师说得好，"不审夷情，何以制夷"，我们现在对洋人一无所知，怎么能征服他们？当前最强大的敌人，不是洋人，是百年都不变的幕府！只有打倒幕府，我们武士才有崛起的机会。

安政大狱事件，一百多人受牵连

1859年，日本发生了一桩重大事件，100多个官员不是被关进大牢，就是被流放了。这是怎么回事呢？

原来，自打日本的国门被美国打开后，其他国家也都变着法儿往日本挤，不平等条约像雪片一般，向日本飞来。

这时，幕府的将军去世了，大权落在了大老（辅佐将军的最高官员）井伊直弼的手中。井伊直弼面对那些条约，也是一个头两个大。签吧，会被国人唾骂；不签吧，日本说不定会四分五裂。最后，他还是自作主张，背着天皇，签下了那些不平等条约。

武士们气得要命，骂井伊直弼是卖国贼。天皇趁机下了道密诏，号召各藩一起尊王攘夷，去杀掉井伊直弼。

谁知这事儿被井伊直弼知道了。井伊直弼勃然大怒，把所有相关人士，不分男女老少，全都抓了起来！

这一抓就抓了上百人。其中，有个叫吉田松阴的人，是个武士，办了个学校，在百姓当中很有威望。

井伊直弼一口气把吉田松阴等7个人的脑袋，像砍西瓜一样，咔嚓咔嚓砍掉了。其他被牵连的100多个，上至亲王，小至草民，不是被关入大牢，就是被流放，惨不忍睹。

惨案发生后，有人劝井伊直弼辞职走人，以免被人刺杀。

井伊直弼说："人各有命，如果真的有刺客要杀我，我就算百般戒备，也是防不住的。"第二年，井伊直弼果然被人暗杀了。

奇幻漂流

小天皇干倒幕府

编辑老师：

您好！我是新登基的睦仁天皇，今年只有 15 岁。我一上台，就给倒幕派发了封密诏，要求他们赶紧把幕府收拾掉。

说来奇怪，我这密诏刚发出去，幕府将军德川庆喜就辞掉将军职位，把手中大权还给了我。

没有流一滴血，死一个人，就收回了大权，我也十分高兴，下令各藩主前来京都，共商国是。

可是，等啊等，等到黄花菜都凉了，只等来了几个藩主。看来藩主们还是听将军的话，唉，您说，我要不要把权力还给幕府呢？

日本睦仁天皇

天皇陛下：

您好！德川庆喜这么做，无非是向您示威——瞧瞧，我都把大权还给您了，您还不是照样使唤不动？

所以，如果您真的把权力还给幕府，就正好中了德川庆喜的计！据我所知，他组织了一支大军，随时准备向倒幕派宣战。

既然如此，您不如将计就计，正式剥夺将军的权力和领地，成立一个以您为首的新政府，向幕府宣战！幕府军虽然人多，但军官腐败无能，倒幕军虽然人少，却师出有名，全国老百姓都会支持你们。如果您能亲自督阵，士气必定高涨，最后一定会打败幕府军队的，加油！

编辑 穿穿

（注：1869 年 6 月，幕府军被彻底打败，有着 600 多年历史的幕府时代就此落幕。）

明治维新，改出新气象

1868年，睦仁天皇（即明治天皇）将江户改为东京，改年号为"明治"，开始了一系列的改革措施。

改革第一条，就是废藩置县，四民平等。

"废藩置县"，就是废除以前的藩地，收回他们的土地，确立府县制，由中央派人管理地方。

"四民平等"，就是把等级划分为皇族、华族、士族以及平民。以前不是等级分明吗？现在统统划为四个等级，即皇族（即皇室贵族）、华族（即公卿贵族）、士族（武士）和平民。"贱民"也消失了，和农、工、商一样，有了新的名字——平民。除皇族外，华族、士族、平民三个等级可以自由来往，转换身份。商人有了地位，可以买卖土地；武士们有了钱，可以种田、做买卖；杀猪的孩子长大后，可以当律师；要饭的孩子，长大后可以当武士。总之，大家都平等了。

第二条是殖产兴业。"殖产"，就是让财产增值的意思。主要措施是引进西方的先进技术和设备，发展经济。比如，修建铁路，发展航运，兴办邮政，引进电报电话，统一货币，等等。这样，日本就有了自己的铁路、公路、银行、邮局。此外，日本还大力扶植私营企业。如果私人没有钱办企业，政府就出钱先把工厂办起来，然后再廉价卖给私人企业。

改革第三条，是文明开化。说白了，就是不再"攘夷"了，

世界风云

开始向西方学习，研究西方著作。就连原来使用的农历，也改成和西方一样的太阳历。

与此同时，政府还设立了大大小小的小学、中学以及大学，教人们读书，优秀的学生被送去欧美留学。士兵们几乎个个都认字，还能捣鼓照相机、指南针，看得懂地图。

以前，日本人崇尚佛教，梳发髻，穿和服。现在，天皇带头吃牛肉，喝牛奶，剪短发，穿西装，就连房子也都盖的是文艺复兴式、巴洛克式等，统统都是西式。

在改革之前，日本大多数人都没有姓。政府觉得这样不文明，也不方便，就要求所有国民必须有姓。这样，举国上下就刮起了一股取姓的热潮。住在田边的，就姓"田边"；门口有座山的，就姓"山口"；还有的干脆直接以当地村名为姓，比如"西村""木村"……总之，上至花鸟虫鱼，下至职业宗教，都可以做姓。从此，子随父姓，妻随夫姓，大家都有了姓名。

还别说，这么一折腾，日本如同大换血一般，从一个名不见经传的小岛国，变成了整个亚洲地区唯一可以与欧洲列强匹敌的强国，再也没人敢欺负它了！

我叫田边太郎！

我叫山口次郎！

日本打开朝鲜大门，吞并琉球

日本经过明治维新，国力大增，开始野心勃勃地向外扩张。

他们制定了一项"大陆政策"，企图吞并周边弱小的朝鲜、琉球等国家，灭亡中国，然后征服亚洲，称霸世界。

他们先是几次三番向朝鲜传递国书，要求修好，国书里一口一个"天皇"——要知道，在朝鲜，这些字样只有中国皇帝才能使用——朝鲜人看了非常不爽，就拒绝了日本的要求。

日本人气得哇哇大叫。1875年，他们以军事演习为由，先后将军舰开入朝鲜釜山、江华岛一带。

这江华岛是朝鲜的军事、政治重地，一向严禁其他国家船只通过。日本人这么做，不是蓄意挑事吗？岛上的朝鲜军队忍无可

世界风云

忍，向日本军舰率先开炮，以示警告。

这一开炮不要紧，日本人等的就是这一炮，他们随即就以"自卫"为由，对江华岛开炮进行"还击"。之后，他们又跑到江华岛附近又砍又杀，将一个小镇烧得干干净净（史称江华岛事件）。他们甚至扬言要杀到汉城去，把朝鲜人杀个片甲不留！

朝鲜的官员听了这话，怕得不得了，最终同意日本人的条件，与日本签订了两国有史以来第一个不平等条约，即《江华条约》。日本人仿照当年美国对日本的做法，把相同的不平等条款强加给朝鲜。

从此，朝鲜的大门就被打开了。

尝到甜头后，日本人又把目标盯向了琉球王国。

琉球位于日本与中国台湾之间，是东北亚和东南亚的贸易中转站，来往贸易的船只很多，有"万国津梁"之称。从明朝以来，琉球就接受中国皇帝的册封，向中原纳贡。

面对日本的步步紧逼，琉球人跑到清朝求救。可惜清朝最终不愿相救。结果，1879年，琉球被强行并入日本，设为冲绳县。

从此，琉球王国就灭亡了。

名人来了

特约嘉宾
明治天皇
（简称"明"）

越越
（简称"越"）

嘉宾简介：日本第122代天皇，最令人瞩目的一位天皇。既没有什么过人的才能，也没有在战场战斗过，但如果没有他，日本有可能像亚洲很多国家一样，沦为西方列强的殖民地。

越：参见天皇陛下！——请问您为什么定"明治"为年号呢？

明：贵国不是有部古籍叫《易经》吗？里面有句"圣人南面听天下，向明而治"。"明治"就是取自这里，意思是要勤于政事。

越：哦，原来是这样。

明：不光是我，我的祖辈也多是从《易经》《尚书》《诗经》《礼记》等贵国古籍中选年号的。我们日本以前一直是贵国的忠实粉丝。

越：那您的意思是，现在不是了？

明：贵国这几十年来，被洋人打趴了，自身难保。我们要是和贵国一样落后，也会任人宰割的。

越：所以你们现在转变方向，成为洋人的粉丝了？

明：这个世界弱肉强食，只有向西方学习，我们才会变得更强大。

越：听说你们维新前，派了很多人去欧洲学习？

明：是的，那次可真是大开眼界啊！我们用的刀，连棵树都砍不断，别人都用上枪炮了；我们还在点蜡烛，挂灯笼，别人都楼上楼下电灯电话了！

越：西方这一百多年来确实进步神速。

明：我们此行重点考察了两个国家。一个是英国，一个是德国。英国和日本很像，都是靠近大陆的海岛国家，也都有一个历史悠久的王朝。

越：而且英国现在还是世界霸主，有整套完整的君主立宪制度，可以说是改革参

名人来了

考的最佳蓝本。

明：没错。但德国也让我们眼前一亮。在这么短的时间里，就变成了一个统一、强大的国家，也让人十分羡慕。

越：那你们到底是学英国，还是学德国呢？

明：我们考虑了很久，最后还是选择学德国。

越：为什么？

明：英国的制度历史悠久，不是一朝一夕就能模仿成的。而且英国国王只有王位，没有统治权。德国不一样，德国的一切法律未经君主许可，都不得实行，君主就代表整个国家。这么一比较，德国的制度更适合日本现在的国情，更有参考价值。

越：那您是追求"强国速成法"了？

明：我们的理想是，把日本快速建设成为一个欧洲型的国家，以后好好地帮助亚洲这些国家，比如中国。

越：中国地大物博，怎么会需要你们的帮助呢？

明：打个比方吧，以前咱们两个邻居住的都是茅草房。现在呢，日本已经将茅草房改成了石房，中国住的还是茅草房。如果我们不帮中国把这座茅草房改造成石房，等中国的茅草房着了火，我这个邻居的石房子也会受影响，明白不？

越：（小声嘀咕）说得好听，该不是想趁火打劫吧？

明：（大怒）你说什么？

越：哦，我是说，向对方学习，要秉承"取其精华，去其糟粕"的原则，不要把对方的缺点也照单全收了噢！

明：既然要学，那就从里到外，处处都要学。光学皮毛，只会成为四不像！就像大清的洋务运动，只学习西方的技术，其他都不学，能起到富国强兵的作用吗？

越：……今天的采访就到这里。陛下再见！

（注：1889年，日本仿照德国制定宪法，建立了君主立宪制，之后也像德国一样，迈向了侵略扩张的军国主义道路。）

广告贴吧

一个天皇一个年号

本国自大化革新时,就学习中国使用年号。但年号的更改过于随意,遇到喜事改一下,遇到坏事改一下,隔三岔五就更改,令人深感不便。因此,从明年元旦开始,自朕起,一个天皇就一个年号,即一世一元,不得随意更改。望大家能体会朕的一片苦心。

明治天皇于明治六年1月1日

招聘技术专家600名

为发展经济,壮大国力,现计划向全球招聘600名技术专家和技师。要求如下:

精通航运、邮政、电话等欧洲任一先进科技即可。待遇比我国的官员还要高。长居日本者优先。有意者欢迎到我处前来洽谈。

日本工部省

快来购买《西洋事情》

你想了解欧洲的军事、政治、经济以及文化吗?

"日本的伏尔泰"、著名教育家福泽谕吉曾三次出行欧洲,并将自己的所见所得,毫无保留地写入《西洋事情》这本书里。

现在全日本几乎人手一册,就连天皇也把它当成是治国的参考书。还等什么呢?再不行动就又卖光了!

远大书局

第11期

【19世纪60年代—19世纪末期】

走进电气时代

穿越必读

19世纪60年代后期，世界迎来了第二次工业革命。新技术、新能源的运用，给社会带来巨大的生产力，人类从此进入又一个崭新的时代——"电气时代"。电气时代最重要的成果，是电力的广泛应用和内燃机的发明。

编辑导读

人类进入电气时代
——写给小读者的话

读者朋友们,你有没有发现,不知不觉,我们的身边,发生了很多很多的变化。

比如,我们不再用煤油灯照明了,因为电灯,让黑漆漆的晚上像白天一样亮堂。

比如,我们出门不再坐马车了,因为汽车,更干净也更快捷,让我们一夜之间,可以到很远很远的地方。

比如,我们想念朋友,不用再写信,也不用再出远门了,因为一个电报,或者一个电话,就能让我们听到他(她)的声音。

比如,很多事情再也不用人们动手去做了,因为机器比人类做得更快更好……

哎,这样的变化,说一晚上也是说不完的。而这些东西,无论是伟大的华盛顿总统,还是拿破仑大帝,他们也都没见过。

怎么样?是不是觉得很自豪呢?

没错,现在我们已经进入一个崭新的时代——电气时代!

绝密档案

神奇的电

在我们的生活中,电无处不在。那么,你知道电是什么吗?人类又是如何发现,并发明"电"的呢?

早在2000多年前,古希腊的人就知道,用毛皮摩擦过的琥珀,有一种神奇的力量,能吸引一些像绒毛、木屑、灰尘一样轻小的东西。

后来,一个叫吉尔伯特的英国医生发现,除了琥珀,别的东西,比如玻璃棒、瓷柱、松香等摩擦后,也有这种"神力"。他把这种神奇的力量称为"电力"。一些好奇的人,还会用自己的身体去做实验,看看人体是不是也有"电"。

最早发现电流的,是美国的科学家富兰克林。他通过一个风筝试验发现,空中的闪电和地面的电是一回事,于是他发明了避雷针。从此,人们不再害怕天上的雷电。

后来,意大利科学家伽伐尼在解剖青蛙时,发现剥了皮的青蛙接触到解剖刀的刀尖时,身体会抽搐。于是他认为,不只是天上有电,动物的身上也有电。

绝密档案

这时，有个叫伏打的教授却跟他争论说，动物本身并没有电，青蛙之所以抽搐，可能是因为两种不同的金属（即放置青蛙的铁板和解剖刀）通过某种介质相连，发生了化学反应，才产生了电。

之后，他根据自己的观点，把铜片和锌片浸在盐水中，接上导线，制成了"人类最神奇的一个发明"——伏打电堆。自那以后，人类就可以控制电源，变成了电的主人。

以前人们认为，电与磁是两种不同的现象，没有什么联系。后来，丹麦物理学家奥斯特发现，电流的周围居然能产生磁场。

一个叫法拉第的英国科学家知道后，心想：既然电能产生磁，那磁能不能产生电呢？

经过长达10年的实验，1831年10月，法拉第发现，当一块磁铁放入电线圈中时，电流会流入线圈；拿出磁铁时，电流则反方向流动（即电磁感应定律），从而发明了世界上第一台发电机。人类从此有了源源不断的电流。

发电机的发明，像一把神奇的钥匙，为科学家们打开了一个新的世界。从此，各种以电为动力的发明纷纷涌现。为了纪念法拉第的发明，人们称这位天才为"电力之父"。

（注：1873年，比利时科学家格拉姆发明电动机，也就是马达。电动机从此开始大规模用于工业生产。）

世界风云

艺术家发明电报机

很久以前，人们要与远方的人对话，只能通过信件或者鸽子等联系，十分麻烦。电报机发明后，这个问题就解决了。

发明电报的人，叫莫尔斯，是个美国人。不过，他一开始并不是一个科学家，而是一位艺术家。

有一年，他去欧洲游学时，在船上碰到了一个物理学家。物理学家闲来无事，在船上拼了两张桌子，向游客们展示电磁现象，并向大家讲解了一些电的基本知识。

"这真是太神奇了！"莫尔斯对这个现象着了迷，心想：电的速度这么快，为什么不让它传递信息呢？

回去之后，他立即把自己的画笔、画架、画纸丢在一边，堆上了电池、电线等工具，把画室改成了实验室。

在这以前，已经有人做过这种实验。不过，他们希望用26根导线，来传递26个英文字母的信号，因为过于复杂，都没有成功。

"有没有什么符号，可以代替26个字母，只要一根导线，就能传递不同的信号呢？"莫尔斯画了很

世界风云

What hath God wrought!

多符号，最后决定用不同的点、横线和空白，来代替英文字母和阿拉伯数字，也就是"莫尔斯电码"。

有了电码，莫尔斯很快设计出了他的电报机。电报机的装置很简单，由电键和一组电池组成。按下电键，"滴答"一声，电流便会通过电线，从一个地方传到另一个地方。按的时间短，用圆点表示；按的时间长，用一条横线表示。而这些圆点和横线，可以对应成字母和阿拉伯数字，可以拼写出来。

1844年，在美国国会的支持下，巴尔的摩和华盛顿之间，架设了第一条电报线。同一年，莫尔斯用颤抖的双手，激动地发出了人类第一条电报：

What hath God wrought!（上帝创造了如此的奇迹！）

电报的发明，给人们的生活带来了巨大的改变。人们想要传递的信息，可以一瞬间翻过高山，越过海洋，传向远方。

（注：19世纪末，意大利科学家马可尼发明无线电报，开启了人类无线电通信时代的大门。）

世界风云

世界上第一台电话接通了

发明电话的人叫贝尔，出生于苏格兰，后来才移居美国。他的祖父和父亲都是教育聋哑人的专家。受他们的影响，贝尔也成了一名老师，专门教聋哑儿童手语。

贝尔很想找个办法，让孩子们听见声音。有一天，他在做实验时，发现有块铁片在磁铁前会振动，还会发出声音，并且这种声音能通过导线，传向远方。贝尔很受启发，他想：通过这个原理，不就可以将人类的声音传到远方吗？

有了这个想法，贝尔开始和他的助手沃森做实验。两人反复设计方案、加工制作，失败了一次又一次。

1876年的一天晚上，贝尔和沃森又分别在不同的房间里做实验。贝尔太聚精会神了，以至不小心打翻了放在桌上的硫酸瓶。硫酸溅到他腿上，痛得他大喊："沃森，快来帮帮我！"

没想到，话音刚落，沃森冲到贝尔的房间，兴奋地大叫："我听到了，我听到了！"原来，电话居然接通了！

两人顾不上去看贝尔受伤的地方，激动地拥抱在一起。而这位沃森先生，成为

沃森，快来帮帮我！

世界风云

从电话里听到电话声音的第一人。

当天晚上,贝尔就给母亲写信说:"以后,大家待在家里,不用出门也能交谈了!"

经过半年的改进,他们制成了世界上第一台实用的电话机,并成立了电话公司,进行推广。

一开始,因为电话的体积大得惊人,像个大箱子,打电话的时候,必须大声喊叫,人们觉得有事写个信,或者发个电报就可以了,电话只能用来做做游戏,没什么实用价值。

后来人们发现,有了电话,再也不用记电报上的符号,而且无论什么时候,都可以和远方的人直接对话,实在是太方便了。从此,电话就像雨后春笋般,涌进了人们的生活。

世界风云

发明大王曾是"低能儿"

有这样一个男孩,在他还小的时候,他就对一切充满了好奇,什么都想尝试一下。

有一次,到了吃午饭的时候,他还没有回家。父亲十分焦急,四处寻找,直到傍晚才发现,他正一动不动地趴在院子当中的一个草棚里。

父亲奇怪地问他:"你这是在干什么?"

他不慌不忙地说:"我在孵小鸡啊。"

原来,他看到母鸡会孵小鸡,十分好奇,也想自己试一试。

父亲又好气又好笑,说:"人是孵不出小鸡来的。"

他迷惑不解,问道:"为什么小鸡能,我就不能呢?"

小男孩经常问这样古怪的问题,父亲答不上来,老师也答不上来。上学不到3个月,老师就说他是个"低能儿""傻瓜",把他撵回了家。

幸好,男孩有一位好母亲。回到家后,

我也想当鸡妈妈!

世界风云

母亲亲自给男孩当起了家庭老师。她才不相信老师们的鬼话,在她眼中,儿子不仅不是个傻瓜,还是个天才!

这个被撵回家的"低能儿",就是后来大名鼎鼎的发明家——爱迪生。爱迪生一生有1000多项发明,有电灯、留声机、电影等,他最令人津津乐道的发明是电灯。

在电灯发明之前,人们使用煤油灯或煤气灯来照明。这些灯因为燃烧煤油或煤气,有浓烈的黑烟和刺鼻的臭味,并且要经常添加燃料,擦洗灯罩,很不方便。

发电机发明后,人们开始研究用电来照明,做出了各种各样的弧光灯。但这种灯光线太强,寿命太短,无法进入普通家庭。怎样才能制造出一种物美价廉、经久耐用的家用电灯呢?这个问题主要是选用什么样的材料做灯丝。

爱迪生先后试用了1600多种材料,甚至连马鬃、人的头发和胡子都拿来做实验,效果都不理想。效果最好的,是一种炭化

世界风云

后的棉线,可以连续照明45个小时。

于是,爱迪生又先后试用了6000多种植物纤维,最后用竹丝烧成的炭丝来做灯丝。通上电后,这种竹丝灯泡竟连续不断地亮了1200个小时!

当第一盏载有钨丝的灯点亮后,全美人民沸腾了!美国国会称赞他说:"爱迪生是真正的普罗米修斯,他帮我们驱走了黑暗,带来了光明!"

1882年,爱迪生在纽约建立了第一个发电站。从此,"发明大王"爱迪生的名字,也像他发明的电灯一样,传入了千家万户。

自由广场

我们要八小时工作制

"天没亮就要出门,忙到深夜才进家门,孩子把我当陌生人……"这首歌唱出了我们的心声啊。我们每天从早忙到晚,一天要忙14~16个小时,什么时候才能享受"八小时工作,八小时娱乐,八小时休息"的待遇啊?

美国某造船工人

美国某钢铁厂工人

八小时工作制?国家不是1877年就实行这项法令了吗?有什么用?法律是这么制定的,执行它是另一回事!那些资本家们根本没有把这个法律当回事,他们有的是办法让你加班!

唉,那些该死的工人为了"八小时工作制"又闹罢工了!这次参加的人特别多,有数十万,几万家企业都没法开工,很多商店、仓库都关了门!这样下去,整个美国都要瘫痪了!

某美国警察

美国芝加哥某工人领袖

这些可恶的资本家,为了阻止大家罢工,竟然向大家开枪,扔炸弹。以为这样就能把我们吓倒?不!我们决不屈服!不信,就试试看!

(注:1886年5月1日,芝加哥工人爆发了"五一"大罢工。为了纪念这一伟大的事件,后将5月1日定为"国际劳动节"。)

科技让我们更幸福吗

编辑老师：

您好。不得不承认，因为科技的进步，我们的生活便利多了。我们搬走了大山，让海洋变为通途，让机器成为仆人。

可是，你有没有发现，与此同时，我们的生活也少了很多乐趣——有了收音机，我们不再去唱歌、弹琴，也不再自己创造音乐了；有了汽车，我们不再坐着马车，享受慢悠悠的旅途了，而且一不小心，就有可能出车祸。

更让人难以忍受的是，我们生活的城市，空气越来越污浊，就连我们的母亲河——泰晤士河，也变得奇臭无比。据说，很多人喝了河里的水后，就得病死了！

你说，现在的我们，真的比几千年前的人类更幸福吗？

一个困惑的发明家

发明家先生：

您好。您说的没错，科技在改变我们的生活时，也给我们带来了更多的烦恼。

比如，工厂排放出的有害气体或废水，污染了我们的空气和水源，让越来越多的人生病。人们为了赚钱，砍了很多很多的树，毁坏了动物生存的家园，很多动物都濒临灭绝，很多自然资源也即将耗尽。

我不敢说，现在的我们比几千年前的人类更幸福，但可以肯定的是，如果这些问题不解决，人类将面临更大的灾难。

在这里，我们向所有的读者朋友呼吁，关注环保，人人有责！

编辑 穿穿

名人来了

特约嘉宾

约翰·洛克菲勒
（简称"洛"）

越越
（简称"越"）

> **嘉宾简介**：美国"石油大王"，19世纪第一位亿万富豪。冷静、精明、富有远见的他，凭借自己独有的魄力和手段，建立了一个庞大的石油帝国。他是怎么做到的呢？

越：洛克菲勒先生，您好。我发现这些年，美国的变化很大啊！

洛：哪里哪里，其实不光是美国，德国的表现也很出众。

越：还真是，现在的科技发明，不是来自美国，就是来自德国。英国"世界第一"的宝座，怕是有点危险了！

洛：我们美国地大物博，又没有那些老套的规矩、制度，很多人愿意来。要超越英国，指日可待呀！

越：不会吧？英国现在有女王罩着，过得好着呢！

洛：那也好不了多久了。英国佬因循守旧，抱着他们的蒸汽机不放。其实，现在很多汽车、卡车、拖拉机、轮船，都用上了新的动力——内燃机，不再用蒸汽机了。

越：可能对他们来讲，拥有更多的殖民地，才是最重要的吧。

洛：这就是他们的愚蠢之处。——你知道内燃机用的是什么燃料吗？

越：石油呀。先生不就是靠石油发的家吗？

洛：没错，我能成为石油大王，就是赶上了这个风口，挖到了石油的第一桶金。

越：可据我所知，美国发现石油那会儿，油井开采过多，原油价格跌得很惨，一直跌了3年，很多人因此倾家荡产了。

洛：对，那个时候石油是碰不得的。

越：不碰怎么成为石油大王的呢？

名人来了

洛：不是不碰，是要选择合适的时候碰！当别人不敢再碰的时候，你的机会就来了！我的炼油厂就是在别人不敢开的时候开起来的！

越：那您不怕跟别人一样的下场吗？

洛：也怕！所以，我要么不做，要做就要做好！让大家都按照我的标准来做！

越：做得好了，成本高了，价格也就跟着上涨了，您不怕竞争不过同行？

洛：不怕，本人自有妙计。

越：什么妙计？

洛：谁跟我竞争，我就把谁买过来，或者把他们变为我们公司的股东。现在，全国大大小小的石油企业几乎都被我联合起来，组成了一个"托拉斯"。通过这种方式，我们的石油占据了全美95%的市场。您想，连竞争对手都没有，谁跟我竞争？

越：大企业兼并小企业，这不就是垄断吗？

洛：没错，现在很多行业，比如钢铁、烟草、汽车、电话、电报等行业，都基本控制在一个托拉斯手里！厉不厉害？

越：厉害！那那些小公司、小企业怎么办？

洛：别说了，我正为这个问题头疼！美国最近要颁布什么法律，要禁止这种垄断行为。

越：这不是好事吗？小企业也要有点活路呀。

洛：但要是托拉斯垮了，整个国家的经济都会垮！——算了，以后我也不管了。过些年我就要退休了。

越：这么早就退休？您有什么计划吗？

洛：重点是做做慈善吧，希望能帮到大家。

越：嗯，这才是一个大企业家该有的胸怀。那在这里，祝您的慈善事业越做越好。

洛：谢谢，这也是我应该做的。

广告贴吧

📮 西门子公司招人啦

本公司由著名科学家西门子与人合办，他1866年发明了人类第一台直流发电机，拥有电梯、电力机车、有轨电车、无轨电车等先进发明的专利。本公司致力于为消费者提供最好的产品。

现在，我们有了一个新的目标，那就是打造方便快捷的城市绿色交通系统，发展电动汽车行业。如果您有创新之才，且富有激情，欢迎您加入我们公司！

德国西门子公司

重视酸雨，保护家园

经科学研究发现，由于工业上大量使用煤炭，空气受到污染，酸雨现象日渐增多。

酸雨的破坏力极强。落在田里，会破坏土壤成分，导致粮食减产；落进水里，会使水流变酸，鱼虾死光……请大家重视酸雨的危害，尽量减少向空气中排放酸性气体，保护我们的家园。

英国皇家化学学会

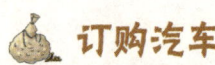 订购汽车

在慕尼黑工业博览会上，曾展出一种从来没见过的车子。这种车子前面没有马，也没有扶杆，上面只有一个人，以汽油为动力，可以自己行走。

有谁知道这种"汽车"的发明人——卡尔·本茨先生的联系方式吗？本商会想找他订购这种车子，需求量很大，望告知。

德国柏林商会

（注：1886年德国的卡尔·本茨制造出世界上第一辆以汽油为动力的三轮汽车。）

第 12 期
【1874—1902 年】
激烈的殖民地争夺战

穿越必读

为了追求高额利润，资本主义国家开始在世界各地寻求原料产地及市场，开始激烈的殖民地争夺战。非洲和太平洋地区等国家，因为实力薄弱，成为列强们瓜分的对象。

顺风快讯

英国购买苏伊士运河
—— 来自埃及的加密快讯

（本报讯）1874年11月，埃及因为欠了一屁股债，想把一条运河卖出去。

在没有这条运河之前，欧洲人要去往亚洲，必须绕过整个非洲大陆，还要经过好望角这个危险的地方。所以，很多人想在一个叫苏伊士的地方挖一条运河，让地中海与红海连成一片。

这实在是太难了，就连英国人也认为办不到。但法国人却撸起袖子，说："没问题！"他们说服埃及人，动用了数十万埃及民工，挖了整整10年，终于在1869年挖出了一条运河。

有了苏伊士运河，欧洲到亚洲之间的航程大大缩短。来来往往的船只再也不用绕过好望角了。

英国人早就对苏伊士运河垂涎三尺。现在埃及人想把它卖了，英国人欣喜若狂。他们想方设法地凑了一大笔钱，在第二年把运河买了下来。

从此，苏伊士运河就成了英国的摇钱树，之后埃及也成了英国的"保护对象"。

来自埃及的加密快讯

世界风云

非洲是如何被瓜分的

工业革命之后,欧洲的工厂越建越多,大家做衣服,做家具,造汽车……忙得不亦乐乎。

不过,要做什么东西,得先找到一些"材料"。比如,做衣服得有棉花,做家具得有树木,做汽车得有橡胶,做糖果得有糖,等等。而棉花多半来自印度,树木多半来自非洲、亚洲的森林,橡胶多半来自非洲、亚洲和南美洲的橡胶树,糖则多半是从海地和古巴的甘蔗中提炼。所以,那些盛产棉花、红木、橡胶、甘蔗的地方,就成了欧洲列强眼中的香饽饽。

他们先是瓜分了亚洲的土地,后来发现美洲被美国人严防死守,压根进不去,就以科学考察的名义,进入了非洲这块"没有主人"的土地,拉开了"开发"非洲的大幕。

非洲的土著人一没文化,二没先进武器。列强们要么带着大枪大炮,要么连哄带骗,从土著人那里夺取了大片土地。每夺取一个地方,

世界风云

他们就在非洲地图上，涂上代表自己国家的颜色，告诉别人，这块地方是他的了。

在瓜分的过程中，列强们为了各自的利益，难免掐架。为了能够"友好"地瓜分非洲，1884年，欧洲列强在德国柏林召开了一次国际会议。而参加会议的15个国家，没有一个是非洲的。

代表们讨价还价，最后确定了一个核心准则——从今以后，无论哪个国家在非洲沿海占领土地或建立保护国，必须有其他国家签字同意。在不影响他国的利益下，哪个地方谁先占领，就属于谁的势力范围。

在这个无耻的原则下，列强们在非洲展开了一场激烈的角逐，到1900年，占领了非洲绝大部分土地。

（注：到1912年，除了埃塞俄比亚和利比里亚，几乎所有非洲的土地都被帝国主义列强瓜分完毕。）

世界风云

"缅因号"被炸，谁之过

1898年2月的一个晚上，一艘名为"缅因号"的美国军舰在古巴突然发生爆炸，死亡人数高达200多人。

消息传出，全世界都震惊了！古巴是西班牙的殖民地，不用说，爆炸事件的制造者，不是古巴人就是西班牙人。

可是，还没等真相水落石出呢，美国人就公开宣布："这事一定是西班牙人干的！"

而西班牙经调查后发现，爆炸发生在船体底部，根本和自己无关。

但美国人还是一口咬定："美国人的血不能白流！""我们要报仇！"之后又明确表示："古巴必须独立！""西班牙必须撤出古巴！"——明眼人一眼就看出来了，这是美国人在找借口，想要古巴这块地盘呢！

原来，自从美国富强后，也想多要点土地，可满世界一打量，地盘已经差不多被列强们全部瓜分了。所以，他们一直想重新瓜分世界。英国虽然已经走下坡路，但威风还是不减当年。柿子嘛，当然拣软的捏。所以，美国决定先拿西班牙开刀。

1898年5月，美国在菲律宾向西班牙发动了进攻。

世界风云

咦？爆炸事件不是发生在古巴吗？为何却跑到菲律宾打仗呢？这是因为，菲律宾是西班牙最大的殖民地，也是美国人"牵挂"的地方。

这一打，西班牙人可就傻了眼。

美国的船队大多是新式战船，速度快，火力猛，射程远。一交手，西班牙就被打得狼狈不堪，才几个小时，就被美国打败了。美国不费吹灰之力，夺取了菲律宾。

而在他们的主战场——古巴，西班牙军队更是遭到了毁灭性的打击，上至司令，下至士兵，死伤者和被俘者多达2万人。而美国只有一人死亡，一人受伤。

这样的战争当然没必要再打下去了。

1898年12月，美西双方在巴黎签订和约，西班牙放弃古巴并承诺古巴独立，将关岛和波多黎各割让给美国。另外，美国付给西班牙政府2000万美元，"买下"菲律宾群岛。

那么，到底是谁炸毁了"缅因号"呢？唉，早就没有人关心了！

（注：也是在这一年，美国正式把夏威夷群岛并入美国版图。从此，美国就成为太平洋、大西洋上的一霸。）

世界风云

布尔战争：让英国走下神坛

提到南非，人们首先想到的，可能是钻石和黄金。但其实，南非的历史也不简单。

1652年，一批荷兰人来到开普敦，建立了他们的第一块殖民地。他们在这里种地，牧羊，驱赶奴隶干活，日子久了，人们称他们为"布尔人"（意思是农民）。

荷兰衰败后，开普敦被英国人收购。布尔人不甘心做英国的二等公民，带上自己的全部家当和奴隶，向东和东北方向迁徙，并建立了自己的国家——南非共和国（又称德兰士瓦共和国）和奥兰治自由邦。

几年后，一次偶然的机会，有人在布尔人的地盘上发现了钻石。这种东西很小，却很珍贵。英国人瞅着眼热，于是发动了第一次布尔战争，吞并了南非。布尔人奋起反抗，这才打败英军，获得独立。

没想到，过了些年，南非发现了一个世界上最大的金矿。英国人又犯了"红眼病"，于1899年秋天，再次派出一支几百人的军队，向布尔人发起进攻。

布尔人在非洲待了200多年，不但善于丛林作战，枪法也很好。

世界风云

结果,英国军队被打死100多人,没死的,全都当了俘虏。英国人气得要命,于是调来更多的军队,最终凭借人多势众,攻入了南非。

那么,战争就此结束了吗?没有。布尔人又组成游击队,时不时冒出来袭击英国军队。英国人被打得晕头转向,使出一记阴招——只要抓到布尔人,不论男女老少,统统关起来!布尔人这才举手投降。

战争打了两年多,英国调动了40多万军队,死了2万多人,耗费了2亿多英镑的军费,不仅引来欧洲各国人民的谴责,就连英国人自己也嫌钱花得太多,不值得。

从此,霸气冲天的英国一步步走下了世界第一大国的神坛。

(注:1910年,南非联邦宣告成立,以自由邦的身份加入英国。)

嘻哈乐园

奇幻漂流

"三皇同盟"变成"三国同盟"

编辑老师：

你好。自从法国被我们打败后，法国人就一门心思找我们复仇。为了对付他们，我们只好和俄国、奥地利结为了盟友（史称三皇同盟）。

可是这两个盟友因为巴尔干半岛的问题，一直闹矛盾。虽说大家都是盟友，但毕竟奥匈帝国和德国是一根藤上结的瓜，我们一不小心就会和奥地利走得近一点。

为此，俄国对我们颇有怨言，前不久找借口退出了三皇同盟。我担心法国会趁这个机会，去拉拢俄国。一旦俄国和法国结盟了，德国就会被夹在它们中间，左右都是敌人。我该怎么办呢？

德国首相　俾斯麦

首相大人：

您好。其实您也清楚，在巴尔干半岛的问题上，俄、奥两国谁也不会让步。作为两方的朋友，德国最好能保持中立。如果不能，俄国离开是迟早的事。

既然俄国已经离开了，我建议：一是继续巩固贵国和奥匈帝国的关系，二是尽快物色一个新的盟友。

据我所知，意大利对法国非常不满，但苦于实力不够，又束手无策。俗话说得好，"敌人的敌人就是朋友"，如果你们三国能结盟，应该是可以和法、俄联盟抗衡的。祝您好运！

编辑 穿穿

（注：1882年，德、奥、意三国在奥地利结成同盟，史称三国同盟。为了防止俄国与法国联合，1887年，俾斯麦与俄国再次签订和约，结成盟友。）

自 由 广 场

甲午一战，泱泱大国败给小小岛国

法国某商人

　　呀，真没想到，大清朝在甲午一战，败给了日本！这也太丢人了吧？

　　这个是意料中的事啦。你们瞧瞧，大清的慈禧太后搜刮了那么多民脂民膏，有多少是用在军备上？建立了一支北洋水师，就狂得不行，连枪炮也停止购买了。其实那种船，在我们眼里，就是老古董，哈哈！

英国某军人

荷兰某翻译官

　　慈禧太后比起明治天皇来，那真是一个天上一个地下。明治天皇为了对付中国，不光是自己勒紧了腰带过日子，还带头捐款造船，"敬业"得很呢！

　　死妖妇，害我们大清朝赔那么多钱！现在为了要我们支付赔款，又向我们征收重税，太可恶了！

清朝某老百姓

日本某外交大臣

　　哈哈，居然能拿到两亿两白银啊，这可真是做梦也没想到的啊！在这以前，我们大日本一年财政收入总共才不过八千万日元。一想到这一笔巨款滚滚而来，无论是政府还是私人，都觉得无比富有！以后我们还要更加努力呀！

（注：大清在甲午战败后，1897年，朝鲜被迫脱离大清，建立大韩帝国。）

科学巨人巴斯德

1895年9月28日,一代科学巨人巴斯德因病逝世,永远地离开了我们。

巴斯德是一名法国人,曾经在一所大学当化学老师。

有一次,他的学生告诉他,家里的葡萄酒常常会变酸,变酸后只能整桶整桶地倒掉,十分可惜,希望老师帮忙想个办法。巴斯德研究后发现,让酒变酸的罪魁祸首是一种不知名的细菌。

怎样把这个细菌杀死呢?巴斯德找到一个简便有效的办法,把酒加热到五六十摄氏度高温,并保持一段时间(后人把它叫作"巴氏灭菌法")。这样,不但可以杀死这些细菌,酒的味道也不会变坏,甚至会变得更加柔和圆润。从此,法国的葡萄酒和啤酒举世闻名。

1865年,法国南部出了个可怕的病,大批大批的蚕莫名地死去,人们怎么治也治不好,又开始向巴斯德求援。巴斯德从来没有和蚕打过交道,但还是答应

了这个请求。

经过无数次实验,巴斯德发现,生病的蚕和吃过的桑叶上,有一种很小很小的东西,不但能游动,还能繁殖后代。而那些健康的蚕和新摘的桑叶,都没有这种小东西。

"我知道了,这就是病源!"巴斯德兴奋地大叫。

巴斯德给这种致病的小东西取名叫"病菌"。因为一旦染上"病菌",食物就会腐败,伤口就会溃烂,人和动物就会生病。

农民们听他的话,把所有病蚕和被病蚕吃过的桑叶统统烧掉,果真治好了这个病。

大家都知道,凡是被疯狗咬过的人,会

智慧森林

得"狂犬病",全身抽搐而死。但巴斯德研究了很久,都没有在疯狗的身上发现病菌。可一旦把疯狗的唾液注射进正常狗的体内,正常的狗马上就会发病身亡。

"哦,这是一种比病菌还要小的病源!"没错,这种比细菌还小的东西,叫作"病毒"。

经过不断实验,巴斯德发现,只要把细菌中有害的毒除去,制成疫苗,注射在人或动物的体内,就不会发病了。

利用这个原理,他不但找到了治疗狂犬病的方法,也找到了黑死病、霍乱、破伤风等疾病的医治方法,给很多人带去了第二次生命。

而他自己,为了人类健康,付出了毕生的精力,直到去世,都没有停止过科学研究。

名人来了

特约嘉宾
塞西尔·罗得斯
（简称"罗"）

越越
（简称"越"）

> 嘉宾简介：英国南非公司总经理，开普敦殖民地总理。一个来自英国的穷小子，凭借过人的商业头脑，白手起家，只用十几年时间，就变成了南非的"钻石大王"，影响了整个非洲。

越：总理您好，请问您来非洲多久了？

罗：大概有几十年了。

越：您为什么来非洲？也是为了淘金吗？

罗：不是，不是。我是因为身体不好，英国空气污染又太严重，正好我有个哥哥在非洲，我父母就把我送过来养身体。

越：您哥哥在非洲做什么？

罗：开始是开农场，后来和大家一起去挖钻石了。

越：哇，那他们发财了吧？

罗：哪有，大部分人像我哥一样，一个钻石子儿没捞着，钱却花光了，拍拍屁股跑了。

越：您怎么没跑？

罗：我才不跑！这里天高皇帝远，又有黄金，有钻石，做生意又没人管，多好！

越：是挺好……就是——（"啪"的一声，打死一只蚊子）蚊子鼠蚁太多！

罗：这里生活艰苦，当地人又蒙昧，一般人确实受不了。

越：那您人生地不熟的，怎么和他们做生意的？

罗：他们只是看起来可怕，实际上头脑简单，特别容易忽悠。

越：哦，怎么忽悠法？

罗：比如，你想要他们的地盘是吧？给他们的头头送点破枪和钱，让他们在纸上签个名，这块地盘马上就归你了。

越：啊，这么容易？他们没发现吗？

罗：发现了也没事啊，大不了打一仗呗。我们有枪有炮，他们拿的长矛木棒，怎么打得过我们？

越：噢，以强凌弱，这不是强盗行径吗？

罗：（生气）强盗？我们给他们带去了先进的医疗，优

名人来了

秀的文化,在开普敦,就连黑人也有选举权,世上有这么好的强盗吗?由我们白人来统治他们,教导他们,这是他们的福气!

越:但是,你们侵略了他们的家园,霸占了他们的财富,这不是强盗是什么?

罗:达尔文先生说了,优胜劣汰,整个大自然都是如此!如果胜利的都是强盗,那满世界都是强盗了!

越:这么说,罗得西亚这个国家也算您的胜利成果了?

罗:可不,这可是我打下来的江山!要不我怎么会以自己的名字命名呢?

越:虽然我不认同您的行为,但不得不承认,您还是挺厉害的。

罗:这算什么?实话告诉您,我现在看到天上的星星就难受!

越:为何?

罗:你想,我拥有这么多钻石,可那像钻石一样美丽的星星,我却无法拥有,这是多么遗憾的事啊!

越:……这大白天,能不能少做点梦啊?

罗:哈哈,我知道这不可能,所以我有一个更实际的梦!

越:什么梦?

罗:我想把开罗到开普敦之间的广大非洲,全部变成英国的殖民地,建立一个庞大的非洲帝国!

越:……这个梦,难道就容易实现?

罗:要是没有布尔人,早就实现了!这可恶的布尔人,打了这么久还不投降,气死我了!

越:您连星球都想征服了,咋连个布尔人都打不赢呢?

罗:唉,主要是我身体不争气。——小记者,你说我死后,我会因为我的罗得西亚流芳百世吗?

越:大人,让一个人流芳百世的不是土地,而是民心。如果不得民心,就算拥有所有星星都没用!

罗:(作头痛状)算了算了,我头痛得紧……再见再见!

广告贴吧

📮 为自由女神捐款

为了庆祝美国独立100周年，法国人民设计并制作了一尊自由女神雕像。因资金有限，雕像的基座尚未完成。女神无处容身，对于我们纽约，对于我们共和国，是一种耻辱！请大家一起来拯救这个女神吧！女神不是法国富翁送给美国富人的礼物，而是全体法国人送给全体美国人民的礼物！

美国纽约《世界报》

第一届现代奥运会即将召开

为振兴奥运，第一届现代奥运会将在1896年4月5日，于古代奥运会的故乡希腊雅典举行。

本次大会有13个国家共300多名运动员参赛，共有田径、游泳、举重、射击、自行车等9大项目。凡获得冠军的运动员，将演奏该运动员国家的国歌，升国旗。我们的口号是"团结、和平与友谊"，希望这次大会能成为全世界爱好和平的人欢聚一堂的盛大节日。祝各位运动健儿取得好成绩！

国际奥林匹克委员会秘书长　顾拜旦

🚢 一切为了和平

为维护世界和平，从今以后，禁止使用开花子弹，以及有害的毒气弹，禁止从空中投放炸弹或爆炸物，禁止使用大规模杀伤性武器等。望大家共同遵守，和平相处。

第一届海牙和平会议

智者为王 第4关

1. 日本第一个不平等条约是与哪个国家签订的？
2. 安政大狱事件是由谁制造的？
3. 琉球王国被日本吞并后，设为什么县？
4. 日本最初使用年号是向哪个国家学习的？
5. 日本是哪一年建立君主立宪制的？
6. 什么动力的发明，给交通领域带来了巨大的变化？
7. 第二次工业革命把人类带入什么时代？
8. 发明无线电报的是意大利的哪个发明家？
9. 美国第一个亿万富豪是谁？
10. 发明第一台直流发电机的人是谁？
11. 英国于哪一年购买了苏伊士运河？
12. 美国为何要发动美西战争？
13. 布尔人的祖先大都来自哪里？
14. 第一届现代奥运会是哪一年召开的？
15. 自由女神是哪个国家送给美国的礼物？

智者无敌　王者为大

智者为王答案

第❶关答案

1. 阿克莱特。
2. 蒸汽机。
3. 拿破仑。
4. 英国。
5. "萨凡纳"号。
6. 巴赫。
7. 莫扎特;奥地利。
8. 乐圣。
9. 帕格尼尼;意大利。
10. 巴赫与亨德尔。
11. 梅特涅。
12. 波旁王朝。
13. 《人民宪章》。
14. 罗伯特·欧文。
15. 路易·布莱尔。

第❷关答案

1. 意大利。
2. 梅特涅。
3. 普鲁士和奥地利。
4. 法兰西第二帝国。
5. 七月王朝。
6. 撒丁王国。
7. 伊曼纽尔二世。
8. 法国。
9. 梵蒂冈。
10. 加富尔、加里波第和马志尼。
11. 斯托夫人。
12. 墨西哥。
13. 罗伯特·李将军。
14. 1867年。
15. 律师。

智者为王答案

第❸关答案

1. 克里米亚战争。
2. 拜伦和雪莱。
3. 门捷列夫。
4. 瑞士。
5. 南丁格尔。
6. 利文斯敦。
7. 1851 年,英国伦敦。
8. 《物种起源》。
9. 狄更斯。
10. 印度。
11. "铁"指的是武器,"血"指的是战争。
12. 维克多·雨果。
13. 丹麦、奥地利和法国。
14. 拿破仑三世。
15. 匈牙利。

第❹关答案

1. 美国。
2. 井伊直弼。
3. 冲绳县。
4. 中国。
5. 1889 年。
6. 内燃机。
7. 电气时代。
8. 马可尼。
9. 约翰·洛克菲勒。
10. 西门子。
11. 1875 年。
12. 为了重新瓜分世界。
13. 荷兰。
14. 1896 年。
15. 法国。

世界历史大事年表

时 间	世界大事记
1765年	珍妮机问世,第一次工业革命开始
1785年	瓦特改良蒸汽机,人类从此进入蒸汽时代
1807年	富尔敦制造第一艘汽船并试航
1815年	维也纳会议再次召开,欧洲列强建立"神圣同盟"
1825年	斯蒂芬森制造的第一台蒸汽机车试行
1827年	著名音乐家贝多芬去世
1830年	法国七月革命推翻复辟的波旁王朝,建立七月王朝
1831—1834年	法国两次里昂工人起义
1831年	法拉第发现电磁感应现象
1838—1848年	英国爆发宪章运动,工人要求选举权
1840年	英国发动侵略中国的鸦片战争
1848年1月	欧洲大革命爆发
1848年2月	《共产党宣言》发表
1848年2月	法国二月革命推翻七月王朝,建立法兰西第二共和国
1853—1856年	克里米亚战争,俄国战败
1858年	莫卧儿帝国灭亡
1859年	达尔文出版《物种起源》
1860年	英法联军火烧圆明园,第二次鸦片战争结束
1861年3月	意大利基本统一
1861年	俄国推行农奴制改革,废除农奴制度
1861—1865年	林肯就任美国总统,美国爆发南北战争
1868年	日本明治维新开始
19世纪60年代后期	第二次工业革命开始,人类进入"电气时代"
1870—1871年	普法战争爆发,德意志统一
1871年3月	巴黎公社成立
1882年	德国、意大利、奥匈帝国结成"三国同盟"
1889年	日本制定宪法,实行君主立宪
1896年	第一届现代奥运会开幕
1898年	美西战争爆发,美国获胜
1899—1902年	英布第二次战争